Gedanken und Erkenntnisse

Thomas Stern

Gedanken und Erkenntnisse

Reise zum Potential des Selbst – Teil 1I

Bibliografische Information der Deutschen Nationalbibliothek:
Die Deutsche Nationalbibliothek verzeichnet diese Publikation in der Deutschen Nationalbibliografie; detaillierte bibliografische Daten sind im Internet über http://dnb.dnb.de abrufbar.

© *2016 Thomas Stern*

Illustration:

Herstellung und Verlag:
BoD – Books on Demand, Norderstedt

ISBN: 978-3741239328

Inhaltsverzeichnis

Gedanken

Über das Leben	7
Über die Liebe	13
Unsere tägliche Arbeit bzw. unsere berufl. Tätigkeiten	28
Die Seele existiert, denn wir sind nicht unser Körper	37
Das, was wir wirklich sind	42
Gibt es eine lebendige Zukunft?	52
Mikro + Makro - wie Innen so Außen oder	56
sich als liebend erfahren	67
unsere Wahrnehmung	70
spirituelles Wissen in der Schule	80
Standortbestimmung	91
sind wir nicht alle medial?	93
Spirituelle Evolution und unser Denken	97
Wenn du das Gefühl hast, anders zu sein	105
Materieller oder spiritueller Aufschwung	110
Lehrer sind auch nur Menschen	121
Wenn jemand um Hilfe bittet	131
Den Tod eines Bruders	136
die Selbstverständlichkeit über alles Mögliche zu reden	157
Ist Einsamkeit ein Leiden der Neuen Zeit?	162
Plane nicht so viel, sonst verpasst du womöglich etwas	169
Hund oder Katze müsste man sein	180
Licht oder Schatten	190
Wenn jemand von deinem Lächeln lebt	195
die Firewall im Menschen	199

Erkenntnisse

Spirituelle Entwicklung als Akt der Liebe	204

Re-Aktionen	206
Über die Hürde zur Menschwerdung	209
Freude oder Spaß	212
Eine Gefahr auf dem Weg	215
Genügsamkeit fördert Glücklich sein	217
Unsere Sehnsüchte machen uns zu Opfern	219
Können wir uns wirklich verändern	223
Der Sinn des Lebens	229
Die emotionale Falle	230
Über die Illusion, etwas zu besitzen	232
Auflösung von verlangen - Begehren	234
Warum wir nicht glücklich sind	236
Wir können uns nur in uns selbst finden	247
Unnützes Tun aufgeben	254
Leben mit der Ungewissheit	257
Das Leben kann nicht aufgehalten werden	262
Nichts mit sich anfangen können	265
Das Ego gibt nie auf	267
Liebe oder Angst	269
Dankbarkeit, ein Schlüssel zur Bewusstwerdung	272
Vom Wunsch, glücklich sein zu wollen	275
Deine Einzigartigkeit	278
Hebe den Blick	282
Ein Licht geht auf	285
Das Leben ist ein Geschenk	288
Warte nicht, bis etwas Unangenehmes passiert	291
Verantwortung	274

Über das Leben

Mein Vater pflegte stets zu sagen:
"Das Leben ist einer der Schwierigsten."

Was er nun genau damit meinte konnte ich nie so richtig aus ihm herausbekommen. Aber dieser Satz, oft gehört in der Kindheit, mag wohl mit ausschlaggebend gewesen sein für meine eigene Suche nach Antwort.

Wir Menschen sind ja begnadete Wesen. Indem uns der Verstand gegeben wurde, sind wir in der Lage unser Leben zu erfassen. Aber ganz so leicht wurde es uns nun auch wieder nicht gemacht. Zum einen könnte man sagen, dass Leben ist ein natürlicher Prozess, eine Spanne zwischen Geburt und Tod. Indem wir von früher Kindheit an auf das Leben vorbereitet werden, nicht aber auf den Tod, erfährt das Leben eine Trennung vom Tod. Somit entsteht und wächst in uns zwangsläufig die Angst vor dem Tod. Wir lieben das Leben so sehr, dass wir es möglichst lange festhalten wollen und der Tod ist quasi unser Feind. Nur können wir ihn nicht bekämpfen im Sinne von vernichten. Es kann uns lediglich gelingen, die Angst zu verdrängen oder zu überspielen, aber sie bleibt! Sie bleibt jedoch nur solange, wie wir das Leben als in sich geschlossen verstehen. Wenn wir jedoch lernen und verstehen, dass Leben und Tod eins sind, dann erkennen wir auch, dass wir Teil eines Kreislaufs sind. So wie in der Natur nichts verloren geht, so bleibt auch unsere eigentliche Existenz erhalten. Ich meine unsere Seele! Denn diese benutzt den Körper, um auf Erden zu wandeln und zu lernen. Stellen wir uns vor, wir schlüpfen in eine Rolle und gehen auf die Bühne, um sie dann zu spielen. Danach kehren wir in unser gewohntes Leben zurück, bis wir eine neue Rolle bekommen. Nichts Anderes geschieht mit der Seele, sie hat eine höhere Daseinsform, die sie gegen eine irdische tauscht. Unser Bewusstsein erfasst in erster Linie jedoch nur das irdische Dasein - viele finden sich damit aber nicht ab und so begeben sie sich auf den Weg. Den Weg, der ihnen Antworten nach dem woher, wohin und warum vermitteln soll. Das ist, so denke ich, auch völlig in Ordnung und hat seine Bestimmung. Aber wie sieht es mit dem Leben als solches aus? Eine Grundlage, die Heimat, die Nahrung, Kleidung und Behausung sind uns gegeben. Wir nennen sie unsere Mutter Erde. Es ist unsere Aufgabe diese zu pflegen und zu achten. Ihr gebührt unsere Liebe und Fürsorge. Leben heißt doch, sich in den Kreislauf zu integrieren, ohne zu zerstören oder nur zu nehmen. Wir können nicht immer nur nehmen und Raubbau betreiben und nichts als Einöde und Verschmutzung hinterlassen. Würdest Du auf der Müllhalde leben wollen? Sicher nicht.

Leben heißt doch sich seines Daseins zu erfreuen, sich und die Welt mit den Sinnen erfahren, hören, sehen, fühlen, schmecken und riechen. Von der Natur lernen und in Eintracht mit ihr leben. Nur soviel nehmen, wie wir wirklich brauchen. Wir sind selber jeder eine Gottheit auf Erden! Warum? Ganz einfach, wir erschaffen, wir sorgen für den Ausgleich, wir bewahren und wir zerstören wieder. Wenn wir Beispielsweise Pflanzen schneiden, zerstören wir und durch die Saat erschaffen wir wieder. Das Regulierende sind wir selbst, unsere Verdauung (Aufnahme und Abgabe) somit geht es wieder in den natürlichen Kreislauf des Lebens über.

Das Leben sollten wir genießen und uns an ihm erfreuen, jeder Tag der uns gegeben sollte mit Dankbarkeit begrüßt werden, denn das Leben ist ein Geschenk, es gibt soviel zu lernen und zu entdecken. Dazu müssen wir nicht alles in seine Bestandteile zerlegen, es reicht durch Beobachtung zu lernen. Was habe ich davon, wenn ich weiß wie ein Blatt beschaffen ist oder ein Baum, reicht es nicht zu wissen das es ihn gibt und er unser Freund ist. Er spendet uns Holz zum Bauen und für Feuer, er gibt uns zudem das Wichtigste, die Luft zum atmen. Wir teilen diesen Atem mit allen Lebewesen, den Pflanzen, dem Wasser und Steinen, jeder atmet die gleiche Luft. Oh welch wunderbares Gefühl ist es, diesen Atem in sich aufzunehmen und den Herzschlag zu spüren. Jeder Atemzug bedeutet L E B E N. Wir atmen mit einer Selbstverständlichkeit die uns vergessen lässt, wie wertvoll er ist. Erst wenn wir in Atemnot geraten, merken wir es wieder. Dann gibt es noch das Wasser, diese Urkraft, das Mächtigste aller Elemente, leistet keinen Widerstand und kann dennoch Felsen und Berge abtragen. Wasser ist Energie die wir aufnehmen können. Wenn wir zum Beispiel duschen und das Wasser an unserem Körper herunterläuft, so können wir spüren, wie uns seine Energie, seine Kraft förmlich durchflutet.

Ja, das Leben ist wirklich etwas Wunderbares und es will gelebt werden, jeden Tag, jede Stunde und jeden Moment. Wir haben nur den jetzigen Augenblick. Das sollten wir uns immer wieder bewusstmachen, wir können weder in der Vergangenheit noch in der Zukunft leben, wir leben nur jetzt! Leben heißt sich bewegen, sich entwickeln und reifen. Nach hinten wird gestorben und nach vorn gelebt. Wer stehen bleibt ist gleichsam tot.

Leben ist mit Sicherheit nicht die Hektik einer Großstadt oder das Hinterherjagen nach Vergnügen, auch das Anhäufen von Besitz, Geld und Macht ist kein Leben, denn dies macht uns zu Sklaven des Mammons und unseres Egos. Wer möchte schon ein Leben als Diener verbringen, wo er doch selber sein eigener Herr sein kann. Geld ist ohnehin der Tod der Liebe, diese Weisheit besagt nichts weiter, als das die Gier nach Geld nicht mit der Liebe einhergehen kann, denn wer das Leben und sich selbst wirklich liebt, der wird nie den Weg des Mammons gehen, denn dieser vollzieht sich immer zum Nachteil anderer und nicht zuletzt auch auf Kosten der Erde.

Leben findet in seiner Schlichtheit statt, im Erleben der Schönheit der Schöpfung, im Erleben der eigenen Lebendigkeit, im liebevollen Geben und füreinander da sein. Leben heißt täglich aufs Neue dazulernen und zu wachsen, es bedeutet aber auch allem Leben in Liebe und Respekt zu begegnen und es zu schützen und zu erhalten, zu bewahren für unsere Kinder, für die nächsten Generationen. In unserem jetzigen Leben haben wir die Verantwortung für die Erde zu sorgen, ihr kein Schaden zuzufügen und sie mit Sicherheit nicht auszubeuten - gemäß dem Motto >Nach mir die Sintflut<, so bitte nicht! Leben ist eine Art "Perpetuum Mobile" welches sich durch Kommen und Gehen, also Entstehen, Reifen, Vergehen und wieder neu Entstehen definiert.

Das Leben ist ein Geschenk und als solches wollen wir es auch behandeln und achten. Glaubst du an die Wiedergeburt der Seele? Dann sollten wir uns erst recht bewusstmachen, dass wir wiederkommen und das erleichtert uns den Umgang mit unseren Mitmenschen, der Natur und der gesamten Umwelt. Wollen wir sie doch bitte so hinterlassen, das wir gerne Wiederkommen.

Bewusster Umgang heißt ein ganzheitliches Bewusstsein zu entwickeln, ganzheitlich im Sinne der Verwobenheit, denn alles ist miteinander verwoben. Wir sind nur Teil eines Ganzen. Also schenken wir unserem Handeln und Denken einfach mehr Aufmerksamkeit. Denn es ist nicht nur unser Leben, es ist unser aller Leben!

der Traveller

Mai 2000

* * *

Über die Liebe

"Ich bin in allen Geschöpfen, und alle Geschöpfe sind in mir. An allen Freuden erfreue auch ich mich, und an allen ihren Schmerzen leide auch ich. Darum seid gütig mit ihnen allen." (Jesus)

Wenn wir uns nun unter diesem Aspekt einmal umschauen, was draußen so passiert und wie die Menschen miteinander umgehen, bekomme ich den Eindruck, dass es wenig Liebe unter den Menschen gibt. Wir reden zwar von und weniger über Liebe und noch weniger praktizieren wir sie. Es besteht also einen Mangel an Liebes-Bewusstsein oder gar Liebes-Fähigkeit.

Woran liegt das eigentlich?

Untersuchen wir einmal den Begriff, den des Nächsten einmal genauer. Wer ist der Nächste? Die gängige Antwort wäre wohl, na die Mitmenschen. Aber wenn ich nun sagte, dass Gott in jedem lebendigen Wesen innewohnt, in den Tieren, den Pflanzen und den Mineralien. Müssten diese dann nicht auch unsere Nächsten sein? Ich denke schon, denn die wahre Liebe schließt nichts aus. Also seien wir liebevoll zu allem Lebendigen, zu allem, was uns nahe ist, unseren Nächsten. Will ich wirklich liebevoll sein, so darf ich das nie vergessen und alles Lebendige einschließen. Die wahre Liebe ist, welche bedingungslos liebt, ohne jede Erwartungshaltung. Sie erwartet nichts und gibt dennoch alles.

Doch dieses Verständnis von Liebe ist vielen fremd. Nicht, dass es in seinen Worten nicht verstanden wird, es wird einfach nicht begriffen was es bedeutet. Als Kleinkinder mögen wir noch in dieser Liebe leben, wir spürten sie von unseren Eltern, wir erlebten die Geborgenheit und den Schutz, die Fürsorge. Wir gingen völlig vorbehaltlos auf andere Kleinkinder zu und freuten uns riesig, einem anderen Menschenkind zu begegnen und ebenso verhalten wir uns bei den Tieren. Keine Scheu, keine Vorurteile, keine Selbstzweifel oder Minderwertigkeitsgefühle halten uns davon ab, auf andere zuzugehen. Doch dann, oh welch Tragik der Entwicklung, werden wir, wird unser Herz zugeschüttet mit all möglichem Zeugs. Wir werden verkümmert, lernen Schamhaftigkeit und auch eine Entfremdung von unserem Körper (weil man uns verbietet an uns herum zu spielen und uns selbst kennen zu lernen), wir werden immer mehr von unseren Gefühlen ferngehalten und stattdessen wird unsere ganze Aufmerksamkeit auf die materiellen Dinge gelenkt. Ablenkungen, Verwirrungen und Verirrungen durch eine Umerziehung die sich als Erziehung tarnt. In der Schule werden wir mit Fakten vollgestopft, die kaum jemandem wirklich nützen, uns wird eine Geschichte gelehrt, die gespickt ist mit Grausamkeiten der

Eroberer und tyrannischen Herrschern und einer machtgierigen Kirche. Mir war schon damals als Schüler unklar, wie eine Glaubenseinrichtung, also die Kirche und der Papst über soviel Macht gebieten konnten, dass sich ihr sogar Könige unterwarfen! Wir bekommen ein Meer an Lügengeschichten aufgetischt, denn Geschichte wird immer nur von den Siegern geschrieben. Gott und die Spiritualität, also das ganze wahre Wissen um unsere wirkliche Herkunft, dessen was und wer wir sind und warum wir hier sind, wird nicht mal Ansatzweise gelehrt. Stattdessen werden wir völlig verklärt mit biblischen Geschichten, die einen eher zum Schmunzeln bringen aber nicht näher zu Gott. Seid Jahrhunderten ist es das Bemühen der Kirche gewesen uns von der Entdeckung unserer wahren Identität abzulenken, fernzuhalten. Nur die höchsten Eingeweihten durften es wissen.

Doch wenn wir nicht lernen dürfen, was Gott ist und wer wir sind, wie sollen wir dann lernen was wahre Liebe ist?

Somit wurden und werden wir immer noch von der Spiritualität abgehalten und in eine materielle Ausrichtung getrieben, die stetig voranschreitet mit immer neueren Errungenschaften. Radio, Telefon, Handys, Video, DVD, Roboter und zahlreichen technischen Spielereien (Gameboy, Playstation, PC-Games) etc. dienen einzig dazu uns fernzuhalten, uns abzulenken. Und funktioniert es? Ja, es funktioniert so gut, dass fast alle mitmachen. Medien, TV-Events, Starrummel etc. fördern ein Bewusstsein, welches eigentlich gar keines ist. Denn diesem Verhalten und diesem Streben nach noch mehr Technik, noch besseren Mega-Super-Stars hat im Grunde keine wirkliche Philosophie, sie ist Inhaltslos und nur auf Kommerz ausgelegt. Dies sind also die Hauptfaktoren, die uns kalt werden lassen, die uns unser wahres Wesen im Herzen weiterhin vorenthalten. Wir sind Schlichtweg abgestumpft. Denn alles ist mittlerweile kontrolliert – alles! Selbst wenn wir meinen zu lieben, und ich weiß wie intensiv wir dies meinen können, selbst dann unterliegen wir immer noch einer vorgegebenen Schablone, die uns kontrollieren soll. Du glaubst nicht, dass dies so ist? Nun, dann schau dich einfach um und siehe selbst, wie jeder eigentlich das Gleiche tut. Nimm die Liebesromane, die Liebesfilme, die Talk-Shows, die Star-Events und all das, was uns täglich visuell ins Auge geschleudert wird und vergleiche es mit dem was du auf der Straße siehst, was Du allerorten erlebst. Und? Was ist nun? Glaubst Du immer noch, all diese Menschen handeln aus freien Stücken? Irrtum, sie sind schon alle zu willenlosen Sklaven geworden. Sie sind emotionslos und reagieren nur noch, konsumieren ohne zu überlegen, existieren ohne wirklich zu leben. Nur weil Millionen von Menschen diesem Kontrollapparat folge leisten, heißt es nicht, es sei gut für uns alle. Denn schau Dich um in dieser Deiner Welt, unserer gemeinsamen Welt. Ist das die Welt in der wir wirklich glücklich sein können? Mit Sicherheit nicht. Was fehlt ist die wahre Liebe in unseren Herzen. Das was wir meinen Liebe zu nennen ist nur eine Handelsware, ein geistiges Verwirrspiel, entwickelt und in Umlauf gebracht von denen, die uns beherrschen wollen. Wir sind so sehr damit beschäftigt herauszufinden, wie wir eine beglückende Liebesbeziehung führen können, dass wir mehr und mehr an Konzepten arbeiten, die allesamt zum scheitern verurteilt sind. Nichts funktioniert wirklich und alles endet im Streit, in abrupter Trennung, in Hass statt Liebe, in Ablehnung statt Mitgefühl, in herzlosem Gegeneinander statt liebevollem Miteinander. Wir sind wahrlich verhindert und behindert, bedingungslos zu lieben.

Was hindert uns nun daran so zu lieben? Es ist die andere Art, das andere Denken, mehr noch das Fühlen. Wenn wir mit dem Verstand lieben, dann ist es eine konditionierte Form von Liebe, eine vergeistigte Liebe. Du liebst mich, also liebe ich dich auch. Das ist mit Sicherheit keine Liebe. Es ist was wir gelernt haben zu tun. Aber wenn wir wirklich mit dem Herzen lieben, dann wollen wir nichts weiter als das Wohl dessen, den wir lieben. Wir erwarten keinen Dank, keinen Lohn oder dergleichen, wir lieben einfach ohne Vorbehalt. Es ist ein Gefühl das tief aus unserem Innern erwächst und nach Außen strahlt, es lässt uns selbst erstrahlen.

Liebe macht uns empfindsam, lehrt uns die Ehrfurcht vor dem Leben. Wie kann jemand beispielsweise ein Tier quälen oder aus reiner Profitgier ein Tier gar töten und anschließend im Kreise seines Gleichen von Liebe reden? Das ist unmöglich - denn dieser Mensch liebt nicht, er verletzt und tötet. Liebe aber will niemals verletzen oder gar töten, sie will nicht schaden, sie will nur sein, in ihrer Herrlichkeit, ihrer Kraft und der Leben spendenden Energie.

Wir reden soviel über die Liebe und ergötzen uns an den großen literarischen Vorlagen wie Romeo und Julia z.B. und erkennen nicht, dass all dies nichts mit Liebe zu tun hat. Es ist nur die Vorstellung, die wir lieben, eine Illusion, die immer und immer wieder zerbricht. Warum? Weil diese Form der Liebe nach dem Haben-Prinzip aufgebaut ist, dem Besitzen-Wollen und Halten-Wollen. Wir ergänzen uns und steigern somit unseren persönlichen Wert, mit dem Prachtstück an unserer Seite. Und was tun wir nicht alles, um diese Liebe zu erhalten. Alles Mögliche tun wir und leiden und leiden und haben Herzschmerz ohne Ende. Dramen ereignen sich in jeder Straße, in jedem Haus täglich aufs Neue. Wir agieren also in einem Bereich, von dem wir eigentlich wenig Ahnung, wenig Erfahrung haben und auch keine richtige Gebrauchsanleitung. Denn sonst würden ja so viele Liebende nicht im Chaos und in Destruktion enden, wie sie es heute tun. Es ist soweit gekommen, dass wir eigentlich keine wirklichen Empfindungen mehr haben oder aufbauen können – Liebe ist nur noch eine Ware, ein Konsumgut, ein TV-Magnet wenn's um Partnerprobleme, Sexpraktiken, Therapieformen etc. geht. Sind wir wirklich soweit devolutioniert, dass wir nicht mehr empfindsam sind. Das uns TV-Bilder Kriegsverletzter Kinder, misshandelter Tiere, etc. kaum noch eine wirkliche Regung abringen können?

Wir sollten wieder lernen, was es bedeutet empfindsam zu sein. Empfindsam zu sein heißt, sich in anderes Leben hineinzuversetzen, wie würde ich in einer solchen Lage oder unter diesen Umständen empfinden? Wie empfinde ich, wenn ich ein Strauch bin und mir achtlos jemand meine Blätter abreißt oder jemand mich mit einem Stock schlägt? Was fühle ich als Baum, in den jemand einen Nagel schlägt oder dessen Äste er beschneidet, weil sie angeblich das Licht nehmen? Wie wäre mir zumute, müsste ich mein Leben lassen, um einer Straße zu weichen? Welch Gefühl mag es sein, als Hund an der Leine geführt zu werden und plötzlich zerrt jemand an der Leine, begleitet von den Worten: "Nun komm endlich!". Stell dir vor, du seiest eine Blume auf einer Wiese, du genießt die Wärme der Sonne und erfreust dich deines Daseins, als dich plötzlich und unerwartet ein riesiger Schuh platt tritt. Der Rasen neben dir richtet sich wieder auf, aber du bleibst liegen, mit zerquetschten "Knochen" und einem gebrochenen Rückgrat -

Schmerz, Enttäuschung und tiefe Trauer machen sich breit. Dabei wolltest du doch nur sein, andere an deiner Schönheit sich erfreuen lassen. Und nun bist du quasi im Vorübergehen totgetreten worden.

Doch wie werden wir empfindsam? So, dass wir unsere Nächsten, die Menschen, Tiere, Pflanzen und Steine nicht verletzen? Willst du das wirklich wissen?

Nun, dann würde ich mich sehr freuen - für Dich! Denn es eröffnet Dir eine Welt, die Dir bisher verschlossen schien, oder in der Du einst als kleines Kind gelebt hast und aus der Du vertrieben wurdest. Du siehst die Welt um Dich herum mit neuen Augen und beginnst sie auch zu erfühlen. Denn vorher warst Du leider tot – Du wirst erschrecken, festzustellen, dass das was Du für Liebe hieltest eigentlich nichts mit dem zu tun hat, was Du jetzt fühlst und denkst. Denn Du hast begonnen mit dem Herzen zu leben. Es ist nicht mehr länger ein Muskel der durch Kontraktion das Blut pulsieren lässt. Es ist vielmehr, es ist der Sitz dessen, was Du wirklich bist – LIEBE – dort im Herzen sitzt Deine Seele und sie war Jahrelang eingeschlossen, verschnürt, geknebelt und derart ignoriert hat sie all die Jahre auf ihre Befreiung gewartet und war immer voller Hoffnung, dass dieser Tag kommen möge. Und jetzt ist er da, der Tag der Befreiung – nun lasse sie leben, die Liebe!

All die Jahre haben wir uns am Leben erhalten durch Essen + Trinken, wir gründeten Familien, leben in schicken Designer-Apartments oder Häusern, unternehmen viel und konsumieren in fast allen Bereichen, aber letztendlich waren wir tot. Uns fehlte die Empfindsamkeit. Die Empfindsamkeit gegenüber Menschen und Tieren, den Pflanzen, allem was uns umgibt. Empfindsamkeit oder Mitgefühl zu fühlen entsteht aus der Aufmerksamkeit, der Wachsamkeit gegenüber der Schönheit der Dinge. In einem Moment tiefer Empfindsamkeit werden wir keine Blätter von Bäumen reißen, keine Pflanzen achtlos niedertreten, vielmehr verspüren wir in uns das Bedürfnis diese Dinge nicht zu tun, wir wollen nicht zerstören oder verletzen. Und wenn wir diesen Wunsch haben, dann zeigen wir Ehrfurcht, Ehrfurcht vor dem Leben, wenn wir das besitzen, dann haben wir wirklich etwas - die Liebe! Eine Liebe, die in uns dieses wunderschöne Gefühl der Zuneigung hervorruft, ohne dafür etwas zu erwarten. Du kannst tun was immer du willst, der tollste Kerl, die schönste Frau, der klügste Mann sein, aber wenn dein Herz ohne Liebe, ohne Empfindsamkeit ist, dann ist es nichts weiter als ein Muskel - und eine unausgefüllte Leere macht sich breit, die du nicht loswerden oder abschütteln kannst. Das Herz will nicht nur Muskel sein, es will erfüllt sein von Liebe, von dem Gefühl tiefster Zuneigung - und wenn das geschehen ist, wirst du nicht mehr zerstören, verletzen oder töten, du würdest keine Kriege führen, in denen wir uns gegenseitig abschlachten, du würdest die Natur nicht schänden und zerstören, die Tiere nicht jagen aus reiner Vergnügungssucht - du würdest statt dessen tatsächlich glücklich sein, dich selbst lieben und alles Leben, du hast dein Paradies auf Erden - du hast Gott gefunden - denn mehr will er nicht. Ist es denn wirklich so schwer zu lieben? Sich selbst zu lieben? Denn beginnen müssen wir bei uns selbst. Erst wenn wir uns selbst so annehmen, wie wir sind und uns lieben, dann öffnen wir uns für die Liebe, die wir empfangen sollen. Diese Liebe durchströmt uns quasi und wir geben sie weiter.

Wie oft sehe ich die Mutter, die ihr Kind hinter sich herzieht und sich sozusagen dem Kinde entzieht, es schreit und will doch nur in der Nähe der Mutter sein. Aber anstatt dieses zu erkennen, hat Muttern nur ihre Sorgen oder Stress im Kopf und empfindet das Kind als "hinderlich" - dann aber ist es auch sehr schön zu beobachten, wie eine andere Mutter ihr Kind bei sich trägt oder es an der Hand führt, man spürt förmlich die Verbundenheit und Liebe, die beide umgibt und die auch strahlt, nach außen! Aber dieses Bild wird uns zu wenig geboten. Es schmerzt mich, wenn ich ein Kind sehe, das lediglich um Liebe ringt, um Anerkennung und Bestätigung. Dabei ist es doch so einfach ein Kind in den Arm zu nehmen und ihm zu signalisieren - He, du wirst geliebt und es ist schön das du da bist! Denn gerade Kinder können noch intensiv empfinden und empfangen, sie spüren sofort ohne

Worte, wer es gut meint, wer gut ist und wer schlecht handelt oder lügt. Aber leider nur bis zu einem gewissen Stadium, denn dann wird ihnen gelehrt alles zu sein nur nicht sie selbst und vor allem nicht mit Gefühlen zu leben, sondern nach Regeln, nach Verhaltensnormen, damit sie ein folgsames Schaf der Gesellschaft werden. Das Resultat solch Umerziehung sehen und erleben wir Tag für Tag - Gefühle scheinen out zu sein - Freundlichkeit eckt mitunter an. Was zählt, ist was du hast und was du darstellst und nicht wer du wirklich bist, was du fühlst. Und doch fühlen wir uns da, wo einem Liebe begegnet wohl, wir spüren die Ausstrahlung und für einen kurzen Moment besinnen wir uns, bis wir uns dann wieder von unserer gesellschaftlichen Verpflichtung einfangen lassen, weil wir es nicht anders gelernt haben. Und dabei könnte alles viel lebendiger und schöner sein, würden wir mehr mit dem Herzen leben und Gefühle zulassen, anstatt ständig kalt und herzlos unseren Geschäften und anderen Ersatzbefriedigungen hinterher zu jagen. Wenn wir verstehen was Liebe ist und welche Kraft sie hat, dann verstehen wir auch, warum Frauen die besseren Geschäfte machen, besser, weil mit Gefühl und ehrlicher, ich glaube sie sind dabei nicht auf einseitigen Vorteil aus, sondern auf Harmonie - lass uns zusammen was tun, was uns beiden guttut. Bravo!

Das Wort Liebe wird leider all zu oft missbraucht, indem es zum Besitz erklärt wird. Ich habe deine Liebe! Das kann so nie funktionieren, da sie kein Ding ist, welches man besitzen kann. Denn dann fangen wir an diese halten zu wollen, wir wollen sie erhalten und verteidigen, um sie nicht zu verlieren, aber was tun wir um diese zu halten. Wir schenken aus Liebe Dinge, die zeigen sollen - ich liebe Dich - oft verbunden mit der Absicht selbst dafür geliebt zu werden. Keine Aktion scheint uns groß oder überwältigend genug, um das Herz eines anderen zu gewinnen. Wir malen den Namen in großen Lettern auf Brücken, lassen Plakate drucken und und und..., aber all das sind keine Zeichen von wahrer Liebe, es ist, was einem der Verstand sagt. Schau her wie toll ich bin, welch Reichtum ich besitze und was ich dir alles schenken kann! Und? Wer sich davon beeindrucken lässt macht sich Selbst etwas vor, denn oft genug kommt irgendwann die Erkenntnis, das ist es nicht, da fehlt etwas. Aber was? Ganz einfach; es ist die wahre Liebe - aber zu unserem Unglück hat uns niemand gelehrt was die wahre Liebe ist, nur wenigen wurde sie offenbart, denen, die zu sich selbst gefunden haben und die aus sich selbst, aus ihrem inneren Reichtum schöpfen können und wahrlich fürstliche Geschenke bereiten - denn sie schenken Leben, das lebendige Leben im Fluss der Liebe. Kein Geschmeide oder Reichtum können einem dieses Gefühl geben und doch sehnen wir uns alle danach. Somit endet eine ersehnte Liebe oft in einer Ersatzbefriedigung, es machen ja alle so nicht wahr! - aber dann frage ich, warum sind so viele unglücklich, suchen einen Seelendoktor auf oder lenken sich ab, bis hin zur Selbstaufgabe - sie nehmen sich das Leben, ohne es je gelebt zu haben. Sie waren schon zu Lebzeiten tot und nun töten sie das letzte was sie hatten - ihren Körper. Denn jeder der das Leben in Liebe einmal erlebt hat würde nie auf den Gedanken kommen, dieses zu beenden. Wer erst einmal die Liebe entdeckt hat und das lebendige Leben, der will mehr, der will alles. Denn er hat die wahren Schönheiten gesehen und erlebt, dieser Mensch ist lebendig und spirituell - er hat die Quelle seines Seins angezapft, das Tor gefunden – das Tor zu sich selbst.

Liebe ist ein Akt, ein Akt des Liebens, den ich empfinden, geben und empfangen kann. Die Liebe erweckt zum Leben und steigert die Lebendigkeit, sie umsorgt und bestätigt, lässt uns wachsen und reifen. Lieben heißt sich erfreuen und sinnlich diese zu erleben. Die Liebe welche von Herzen kommt ist die Lebensenergie, die uns durchströmt. Im Augenblick des Liebens fühle ich die Stärke, die Kraft, die sie zu geben vermag. Wenn ich liebe, schwingt der ganze Körper mit, es gibt mir ein wunderschönes Gefühl von Geborgenheit, ein sich wohl fühlen wie es schöner nicht sein kann. Die Empfänglichkeit von Liebe für mich selbst gibt mir jene Bereitschaft meine Liebe bedingungslos weitergeben zu können. Dadurch wird ein tiefer emotionaler Austausch möglich, ein Geben und

Empfangen der überfließenden Liebe und die Verbundenheit mit dem Universum stellt sich ein, in völliger Harmonie.

Dies erreichen wir jedoch nur über die Liebe zu uns selbst. Wir sollen und dürfen uns so lieben wie wir sind — und zwar bedingungslos! Das ist eines der obersten Gebote der Liebe, den anderen so anzunehmen wie er ist, ohne wenn und aber. Und erst, wenn ich mich selbst, wenn Du dich selbst so annehmen kannst wie Du bist, mit all den Fehlern, Ecken und Kanten, dann erst haben wir die Bereitschaft auch andere bedingungslos anzunehmen, sie bedingungslos zu lieben, so wie sie sind. Beurteile den anderen, aber verurteile ihn nicht, denn all sein Handeln muss nicht dem wahren Wesen seines Selbst entsprechen. Viele Handlungen und Äußerungen sind einfach nur Schutzmechanismen, sie werden solange aufrechterhalten, bis Du, bis wir ihm oder ihr gestatten der Mensch zu sein, der er oder sie wirklich ist und sein will. Wir kommen nackt und ohne Besitz in diese Welt und so wird uns unser ganzes Leben lang auch nie wirklich etwas gehören, wir können nichts wirklich besitzen, außer uns selbst und die Fähigkeit bedingungslos zu lieben.

Goethe hat dies sehr schön zum Ausdruck gebracht:

"Ich weiß, daß mir nichts angehört als der Gedanke, der ungestört aus meiner Seele will fließen, Und jeder günstige Augenblick, den mich ein liebendes Geschick von Grund aus läßt genießen."

        der Traveller
          November 1999

     * * *

Unsere tägliche Arbeit bzw. unsere berufl. Tätigkeiten...

...dienen ja wohl den meisten zum Broterwerb.

Einleitend möchte ich sagen, dass ich hier nicht über die Arbeiten im Allgemeinen sprechen möchte, sondern über die Bewusstheit zu dem WAS wir eigentlich tun und WIE wir es tun.

Diese Bewusstheit meint nun nicht die Klarheit über unsere Tätigkeit/Arbeit, also wie etwas funktioniert und was passiert, sondern der Bezug zu uns selbst, zur Umwelt (Mutter Erde) und den Mit-Lebewesen. Es beinhaltet also den ganzheitlichen Aspekt unseres Tuns.

Ganzheitlich meint die unterschiedlichen Verbindungen zu allem, was uns umgibt und mit allem was wir zu tun haben. Dinge, die wir benutzen, produzieren und weitergeben oder entsorgen. Die Fragen, die sich daraus ergeben sind recht simple:

- wenn wir einer Arbeit/Tätigkeit nachgehen, wem dient sie vorrangig
- was ist der Nutzen für einen selbst und andere oder in welchem Maße schadet es und wem
- aus welchen Rohstoffen sind die Dinge des Gebrauchs, wie werden sie hergestellt,
- auch hier wieder die Frage nach Nutzen und Schaden

- welche Menschen sind an den hergestellten Dingen beteiligt
- wie werden sie entlohnt und unter welchen Bedingungen verrichten sie ihre Tätigkeit
- wie sind die Auswirkungen für die nächsten Generationen
- brauchen wir das, was wir produzieren wirklich für ein glückliches + friedliches Leben
- in wie weit wird die Harmonie mit allem gewährleistet
- und wie weit erfüllen wir die Aufgabe zu allem fürsorglich und liebevoll zu sein

An Hand des Produktes können wir sehr leicht ersehen, wem es wirklich dient. Entweder dem Produzenten, weil er durch den Verkauf noch mehr Kapital und Macht erlangt oder den natürlichen Bedürfnissen des Menschen.

So frage man (+ Frau) sich, welchen Sinn es z.B. machen könnte chem. hergestellte Duftstoffe zu erzeugen, die über die Körperreinigung ins Abwasser gespült werden oder beim sommerlichen Baden in Seen und Flüsse verteilt werden. Ein Karpfen braucht sie bestimmt nicht, um besser laichen zu können, ebenso wenig die Frösche, um eine Partnerin zu finden. Jedoch wir Menschen produzieren diese fremden Duftstoffe, um zu gefallen, um begehrenswert zu sein und gleich einer Fleischfressenden Pflanze die "Opfer" anzulocken. Ein ganzer Industriezweig lebt von diesen künstlichen Duftstoffen und ein ganzer Planet leidet unter Selbigen. Denn nur, weil vom Körper gewaschen, sind sie noch lange nicht weg. Sie verbreiten sich über den Wasserkreislauf und so brauchen wir uns eigentlich nicht wundern, wenn eines Tages unser Abwaschwasser nach Moschus oder ähnlichem riecht.

Weiterführend sei erwähnt, dass viele dieser Produkte an lebenden Tieren getestet wurden und immer noch werden. Dies geht einher mit unvorstellbaren Qualen und einem langwierigen schmerzvollen Sterben der Tiere, nur damit wir gut duften, indes ohne den Geruch des Todes zu spüren. Doch denke ich, dass diese überaus negativen Energien aus den Testlaboren sich auch auf das Produkt übertragen. Anfragen bei Namenhaften Parfümerien bestätigen eine Vielzahl von auftretenden Allergien durch die Benutzung der verschiedenen Duftstoffe. Doch damit geht man natürlich nicht an die Öffentlichkeit.

Ein anderes Beispiel seien die mittlerweile unüberschaubaren vielen kleinen Krankheits- und Todbringer, genannt Leckereien. Auch hier nutzen die Produkte von Snacks, Knabberkram, Edel-Konfiserie und Schokoriegeln (in manchen soll sogar Milch enthalten sein!) und weiterhin schwimmen sie sogar in Milch, so locker und leicht (sie schwimmen auch in Whiskey, aber dass würden die Werbe-Götter den Kindern so nicht sagen wollen, oder?), nicht dem Menschen oder der Umwelt. Sie dienen nur dem Zwecke der Kapitalanhäufung und Machterhaltung. Hier befinden wir uns in einem ganzen Netzwerk von negativ ausgerichteten Energien, an denen sehr viele verdienen. Die chem. Industrie, die Verpackungsindustrie, die Pharmaindustrie und andere mehr. Zahlreiche Kinderleiden entstehen durch den Konsum dieser künstlichen Leckereien, angefangen von Fettleibigkeit über Konzentrationsstörungen und Hautkrankheiten etc. bis hin zu ernsthaften Mangelerscheinungen.

Da ist die Frage berechtigt, in wie weit kann ich es vor mir selbst verantworten daran beteiligt zu sein?

Kann ich ruhigen Gewissens einer Tätigkeit nachgehen, die so etwas unterstützt?

Kann ich einfach Dinge produzieren und/oder verkaufen, die wissentlich anderen Schaden zufügen, ohne ein schlechtes Gewissen zu bekommen?

Kann ich ruhigen Gewissens abends nach Hause kommen und von harmonischer Familienidylle umgeben sein, während ich tagsüber soviel Leid erzeugt habe in dem ich an der Produktion, Vermarktung und Verkauf mitgewirkt habe?

Einer der wohl schlimmsten Industriezweige ist die Fleischindustrie. Schätzungsweise ein Drittel aller Beschäftigten hat direkt oder indirekt mit der Fleischverarbeitung und dem Töten von Tieren zu tun. Gewiss, vielen Schlächtern schmeckt ihre Schlachtplatte und sie kennen es nicht anders. Doch nur, weil wir seit Jahrhunderten Tiere nur zu dem Zwecke züchten, misshandeln und töten um ihr Fleisch zu essen, muss es nicht immer so weitergehen.

Es ist nicht nur die christliche Religion, sondern auch zum Beispiel der Buddhismus, der dazu auffordert keine Tätigkeit zu verrichten, die mit dem Leiden anderer Lebewesen einhergeht. Und in zahlreichen anderen Kulturen finden wir genau diese Kernaussage wieder.

Du sollst nicht töten.

Es ist nicht mein Anliegen zu sagen, lasst es sein, sondern denke bitte einmal darüber nach, was du wirklich tust. Mach dir mal die Mühe und versuch zu überschauen, wer und was alles damit verbunden ist, wenn du mit der Fleischverarbeitung, Vertrieb und Verkauf zu tun hast. Bedenke die zahlreichen Opfer, die ansteigenden Krankheitszahlen und neue Formen von Krankheiten wie BSE und Rheuma, sowie Herzkrankheiten. Es könnte gerade deine Mutter sein, die im Krankenhaus im Sterben liegt, wegen dem vielen Fleischverzehr. Es könnten deine Kinder sein, die blasse Haut haben und bei jedem Ansatz von Unreinheit gleich massenweise

Pickel bekommen. Es könnte Dein Nachbar sein, der durch Fleischverzehr begünstigt, seine Frau und Kinder erschlägt. Denn unter all den Amokläufern hat es noch keinen Vegetarier gegeben!

Es könntest du selbst sein, wenn dein Sehvermögen nachlässt, einfach, weil du nicht mehr all das Leid sehen sollst oder gar Geist und Seele dies hervorbringen, damit du innehältst und lernst. Damit du umkehrst und ablässt vom dunklen Pfad.

Ich weiß wie vielen von euch der Arbeitsplatz wichtig ist. Doch ist es nicht besser selber zurückzustecken, anstatt sein Brot mit dem Leid anderer zu verdienen. Denn dann ist es nichts wert. Das Leid verbreitet sich immer mehr, ohne Aussicht auf ein Ende. Und in genau diese Abhängigkeit haben wir uns selbst auch treiben lassen, in dem wir zugestimmt haben, in dem wir JA gesagt haben.

Doch wir können jederzeit auch wieder NEIN sagen!

NEIN sagen aus Überzeugung beflügelt uns darin gewisse Dinge nicht mehr zu tun. Und mit einem ganzheitlich ausgerichteten Bewusstsein werden wir auch eher bereit sein Leid auf uns selbst zu nehmen, anstatt für größeres Leid zu sorgen, nur um zu überleben.

Wir glauben in einer Art Unabhängigkeit zu leben – doch das ist ein fataler Irrtum. Denn wir sind mittlerweile in soviel Abhängigkeiten verstrickt, dass wir es gar nicht mehr merken und es als selbstverständlich erachten. Schließlich lebt ja jeder so, oder wie?

Und was passiert, wenn ich von heute auf morgen meinen Job kündige, weil ich ihn aus ethischen und moralischen Gründen weder vor mir noch vor anderen vertreten kann? Dann bin ich eben vorübergehend erwerbslos, na und, dafür zahlen wir doch Arbeitslosenversicherung und andere Sozialabgaben. Und wenn die eine oder andere Rate nicht mehr bezahlt werden kann, na und, wen kümmert es so lange zu Essen und zu Trinken da ist, sowie das Bett und ein Dach überm Kopf ist doch für das Notwendigste gesorgt. Schulden? Na und, lass ich mir davon etwa mein Wohlbefinden diktieren – NEIN, aber die Gesellschaft, respektive ihre Agenten machen uns glauben, wir seien nichts wert, wenn wir Schulden haben. Sind wir andere Menschen, wenn wir verschuldet sind? Sind wir Minderwertig, wenn wir auf Kredit leben? Wenn es ein ganzer Staat tut, warum soll es uns vorenthalten bleiben? Und schließlich sind WIR die Banken und Versicherungen, WIR sind es mit unserem Geld, ohne das sie allesamt nicht existieren würden. WIR haben sie zu dem gemacht, was sie heute sind und schon immer waren: Blutsauger, Umweltschänder und Menschenrechts Verächter

(Tropenholzrodung, Raubfischerei, Atomkraftwerke, Kriegsindustrie, alles von Banken + Versicherungskonzernen mitfinanziert). Da helfen auch keine karitativen Einsätze mit milden Spenden, die nicht mal 1% ihrer Gewinne ausmachen. Das ist scheinheiliger Mist und Augenwischerei, der mit Blutgeld finanziert wird. Das Geld fragt wahrlich nicht wo es herkommt, aber die Energien folgen immer der Aufmerksamkeit!

Erwerbslos zu sein bedeutet hingegen nicht arbeitslos zu sein. Es gibt so viel Arbeit, die selbst unsere derzeitig 4 Millionen Arbeitslosen nicht bewerkstelligen könnten. Es gibt so viel zu tun im karitativen Bereich, in der Nachbarschaftshilfe, in der Reinigung von Gärten und Parkanlagen, der Einrichtung von Obdachlosenasylen und und und. Vor allem aber gibt es uns die Gelegenheit einmal in aller Ruhe über einiges nachzudenken. Den eigenen Lebensweg zu betrachten und sich Zeit für sich selbst zu nehmen, sich besser kennen und verstehen zu lernen und dadurch auch eine neue Richtung zu bekommen. Mag sein, dass aus einem Fleischer auf einmal ein Maler wird, weil er diesen Kindheitstraum nie verwirklichen durfte. Oder eine Parfurmverkäuferin wird zur Yoga-Lehrerin. Ein Chemiearbeiter wird zum Homöopathen. Es stehen uns soviel natürliche und für viele nutzbringende Tätigkeiten zur Verfügung, die ebenso unser tägliches Brot sichern.

Seit Jahren ist zu beobachten, wie sich immer mehr Menschen den alternativen Heilmethoden zuwenden (Homöopathie, Aloevera, Klangtherapie etc.), den universellen Energien (Tai-Chi, Reiki, Qi Gong etc.), den natürlichen Ernährungsweisen (Ernährungsberater-In, Wasserkristalle, energetische Wirkungsweise von Lebensmitteln, etc.).

Ich bin sicher, viele von uns würden gerne ihr Tätigkeitsfeld ändern, doch trauen wir uns nicht. Es sind die Ängste, die uns zu Sklaven einer modernen Gesellschaft machen. Doch wer diese Angst einmal durchbrochen, sie überwunden hat, den kann nichts mehr aufhalten. Doch es sollte kein Weg ins Blaue sein. Wir sollten lernen, vertrauen in unsere Fähigkeiten, unsere Talente zu setzen, statt sich irgendwelchen Tätigkeiten hinzugeben, die nur wegen der Entlohnung ausgeführt werden. Wir sollten eines unserer Grundrechte beherzigen, dem der freien Berufswahl. Also, wozu fühlst du dich berufen?

der Traveller

Juni 2003

* * *

Die Seele existiert, denn wir sind nicht unser Körper

Wenn wir mit jemandem reden, mit wem reden wir dann eigentlich? Ist es der Körper des anderen mit dem wir reden oder was ist ES, mit dem wir reden? Und was ist, wenn wir diesen Körper nicht sehen, also z.B. telefonieren oder schreiben und auch an "ihn oder sie" denken?

Während wir mit einem Menschen zusammen sind können wir diesen, bewusst oder auch unbewusst, spüren. Wir nehmen seine spezielle Energie wahr, doch was ist diese Energie? Sie ist nicht das Fleisch des Körpers, sie ist auch nicht die Stimme des anderen. Es ist also etwas Anderes, aber was?

Und sagen wir nicht oft in einem Trauerfall: Er oder Sie ist von uns gegangen!

Doch was ist da eigentlich von uns gegangen, wenn doch der Körper noch hier ist?

Also ist der einzig logische Schluss, dass etwas den Körper bewohnt haben muss. Etwas muss diesem Körper Leben gegeben haben und ihn benutzt haben, um sich uns mitzuteilen. Und dieses etwas nennen wir im allgemeinen Seele.

Da ICH nun die Seele bin, die in diesem meinen Körper steckt, kann ICH auch mit meinen mir gegebenen Fähigkeiten mich über die Körpergrenzen hinaus mitteilen. Das nennen wir dann Schwingung oder einfach Energie. Eben jene Energie, die wir spüren können, aber nicht sehen. Auch bekannt als AURA.

Der Körper dient mir also nur und stellt für mich auch eine Begrenzung dar. Denn der Körper ist materiell, was er auch in einer materiellen Welt sein muss. Aber ich kann den Körper auch verlassen, dann ist er leblos – tot. Und da dieser Körper, wie alles in dieser Welt, den Naturgesetzen unterliegt wird er auch eines Tages vergehen, er wird sterben. Doch vom Zeitpunkt der Geburt bis zum Alter, bis zum Tode verändert sich der Körper viele Male. Vom Kleinkind zum Kinde – vom Kinde zum Jugendlichen – vom Jugendlichen zum Erwachsenen und so weiter ... und jedes Mal BIN ICH noch ICH.

Also die Seele ist immer dieselbe, obwohl sich der Körper schon während eines einzigen Lebens mehrere Male verändert.

Da dem so ist, kann ICH auch nicht der Körper sein. Denn ICH bin mehr, viel mehr und existiere viel länger als ein irdischer Körper, sei es der eines Menschen, eines Tieres oder einer Pflanze. Und ICH habe bereits existiert, bevor ICH in diesen oder jenen Körper gegangen bin.

Wenn DU also mit MIR redest, dann reden oder besser kommunizieren unsere Seelen miteinander. Unsere Körper sind nur eine Erscheinungsform, damit wir uns sehen können – mehr nicht. Und die menschliche Körperform bietet uns die besten Entwicklungsmöglichkeiten für uns, da wir uns mittels derer besser mitteilen können, wir können lernen, durchzuhören, durchlesen und erfahren der Dinge. Und wir können uns in ihn zurückziehen, um ganz bei uns zu sein.

Meinem Sohn sagte ich, dass er selbst nie verletzt werden könnte. Es sei immer nur der Körper, der verletzt werden kann. Dem Körper können Wunden zugefügt werden, jedoch ohne DICH dabei wirklich zu verletzen. Natürlich stellt ihn das, wie fast jeden, vor eine große Herausforderung und dies nur, weil wir uns mit unserem Körper identifizieren. Wir haben ein Körperbewusstsein, aber nur ein geringes oder kein Seelenbewusstsein. Deshalb fürchten wir den körperlichen Schmerz und erst recht den Tod. Denn ohne ein Seelenbewusstsein muss für uns mit dem Tod zwangsläufig alles enden.

Und in dieser Hinsicht wirft es auch eine Frage auf im Umgang mit anderen Lebewesen, nicht nur den Mit-Menschen. Und zwar eine Frage des ethischen Verhaltens gegenüber anderen Lebewesen.

Gewiss können Tiere keine Briefe schreiben oder uns auf dem Handy anrufen, wenn etwas in der Wohnung passiert oder dergleichen. Doch vermögen Tiere sich uns dennoch mitzuteilen, über ihre eigene Art und Weise der Kommunikation. So kennen und erkennen wir die verschiedenen Laute eines Hundes, einer Katze etc. Und mehr noch können wir in ihren Augen ablesen wie es ihnen geht, was sie wollen und was sie uns sagen wollen.

Hast Du schon einmal ein Tier gesehen, was sich freut, wie es strahlt und seine Augen leuchten? Und hast Du auch ein Tier schon mal trauern sehen? Und Affen lachen gehört? JA, das hast Du alles schon erlebt. Und sind sie nicht ebenso wie wir darauf bedacht ihren Hunger zu stillen, einen Schlafplatz zu haben?

Mal abgesehen von unseren erweiterten Kommunikationsmöglichkeiten, was unterscheidet uns da noch von einem tierischen Leben? Sind die Tiere nicht genauso darauf bedacht einen Partner zu haben, für Nachwuchs zu sorgen und diesen zu pflegen, sich eine Behausung zu erschaffen. Und leben Tiere nicht auch in Gruppen und Gemeinschaften, die auch soziale Aspekte aufweisen, wie das Versorgen von Alten und kranken Mitgliedern in der Gruppe. Werden nicht auch bei Tieren Waisenkinder von den übrigen Gruppenmitgliedern mitversorgt. Ja, all dies ist auch den Tieren zu Eigen. Und in vielen Fällen sind wir doch zu unseren Haustieren oft nicht anders im Verhalten, wie zu unseren Mit-Menschen – in der Tat vermenschlichen wir sogar unsere Haustiere und geben ihnen auch "menschliche" Namen. Und wir trauern auch um sie.

Ergo können wir diesen Mit-Lebewesen ebenso wenig eine Seele absprechen wie uns selbst.

Viele Religionen lehren auch, dass die Seelen wandern – von einem Körper zum anderen. Und nur, weil ich jetzt in einem menschlichen Körper bin, heißt dies doch nicht, dass es schon immer so war. Nur weil ich mich an die Erfahrung in einem Hunde-Körper oder in einem Ameisen-Körper nicht mehr erinnern kann, kann und darf ich diese Möglichkeit für mich nicht ausschließen. Und das wiederum fordert von mir geradezu einen ethischen Umgang auch mit allen Mit-Lebewesen. Denn wie viele sind, seit wir in diesem unseren jetzigen Körper sind, "von uns gegangen" und befinden sich nun wieder in einem anderen Körper?

Solange wir unsere Fähigkeiten nicht soweit ausgereift haben, uns wirklich wieder zu erkennen – solange dürfen wir in jedem Lebewesen und natürlich in jedem Menschen, die uns begegnen und begleiten eine uns "vertraute" Seele vermuten.

Also scheinen wir doch mehr als nur unser Körper zu sein, oder?

Und was bedeutet dies nun für DEIN zukünftiges Leben, für DEIN zukünftiges Verhalten gegenüber DEINEN Geschwistern aus der großen Seelenfamilie, die sich in so vielen Unterschiedlichen Körpern begeben haben, von denen DU nicht weißt wer wo drinsteckt?

                      der Traveller
                            August 2003

Das, was wir wirklich sind

Von Geburt an sind wir NICHT, was wir zu sein glauben! Sicher, als Kleinkind, Kind und bis ins Jugendalter hinein mag uns unser Leben als "normal" erscheinen. Doch was ist normal? Es ist doch nur das, was alle machen und wir machen es nach. Schon an diesem Punkt zeigt sich, dass wir kaum etwas wirklich Eigenständiges machen oder gar erschaffen, mal abgesehen von unserer Realität, die wir uns jeden Tag aufs Neue erschaffen.

Was bedeutet nun aber NICHT zu sein, was wir glauben zu sein? Nun, da wir uns im Allgemeinen für eine Lebensform "Mensch" halten und dies aber in unserer Essenz NICHT sind, ohne es jedoch zu wissen, ohne das es uns bewusst ist, verfallen wir dem Irrglauben, wir seien ein Mensch.

Wir identifizieren uns also mit unserem Körper!

Was aber ist dieser Körper?

Genau genommen ist es eine Ansammlung von verschiedenen Zellen, die auf wundersame Weise irgendwie miteinander verbunden sind und uns nicht als ein Haufen von irgendetwas erscheinen lassen. Ich meine damit die Tatsache, dass wir unsere Form behalten, egal wie wir uns auch bewegen oder verrenken – der Körper behält seine Form. Er zerfließt nicht oder liegt nicht ähnlich einer

Pfütze irgendwo herum. Nein, er ist stabil und in Form. Und eine wissenschaftliche Analyse sagt uns, dass wir zu ca. 80 % aus Wasser bestehen. D.h., dass was wir so anziehend oder attraktiv beim anderen finden ist also nur ein Gebilde aus Wasser und Zellsubstanz. Also Waschbrettbauch, die Schulter- und Armmuskulatur, der Po, der Busen – alles nur Wasser und Zellsubstanz. Würde man dem Körper nun das Wasser entziehen, z.B. durch Abführmittel, so fällt der Körper ein und sieht schlaff, schrumpelig und unattraktiv aus. Und das sind wir dann?

Ja, auch das sind wir, so glauben wir jedenfalls. Es mag zwar unangenehm sein, aber so ist es.

Was ist, wenn dem Körper nun etwas fehlt?

Der Verlust von Gliedmaßen, Zähnen, Haaren, Innereien reduziert den Körper auf das, was "übrig" geblieben ist. Nehmen wir an, ein tragischer Unfall fordert unsere Beine. Sind wir dann in unserem Sein verändert? Sind wir dann wirklich anders?

Ich denke NEIN!

Setzen wir uns einmal ruhig hin und schauen einfach so in die Gegend oder ins "Leere" und beobachten unser Bewusstsein dabei. Es ist das Wirken in uns was ich meine, also, wenn ich jetzt so einfach um mich schaue und mir die Dinge ansehe oder etwas höre oder auch mit jemandem spreche, ist es da noch wichtig oder entscheidend wie wir aussehen und ob noch alle Gliedmaßen dran sind? Ist es nicht viel mehr so, als schauten wir durch eine Art "Bullauge", durch ein "Guckloch" ins Freie?

Verstehst Du was ich meine?

Wir sind NICHT der Körper, sondern WIR SIND IN diesem Körper und schauen aus ihm heraus.

Wir können uns unseren Körper so lange anschauen wie wir wollen, es bleibt und wird immer so sein, dass er NUR eine Hülle ist, die wir tragen, die um uns herum ist. Und das von Geburt an, bis zum Tod, denn Geburt und Tod sind umschriebener Maßen unser An- und Ausziehen oder sollten wir besser sagen: unser Einziehen und Ausziehen!

Der Einzug

Nach meinem bisherigen Wissensstand ist es so, dass wir, also unser wahres Selbst – die Seele – in dem Moment Einzug hält, wo der männliche Same sich mit der weiblichen Eizelle verbindet und einen neuen Körper hervorbringen wird. Die Seele, also wir selbst, hauchen dieser Verbindung leben ein und lassen es wachsen. Bei einem menschlichen

Körper beansprucht der Reifungsprozess neun Monate, bevor der Körper der irdischen Atmosphäre übergeben werden kann. Das ist dann die Geburt.

Kaum einer vermag es, sich noch an die Zeit während der Schwangerschaft zu erinnern. Das liegt daran, dass wir bis zum Zeitpunkt der Geburt noch eine direkte Verbindung nach "Oben" haben, zum All-in-Eins-Sein. D.h., wir sind uns unserer wahren Identität noch bewusst. Doch das verlieren wir mit dem Passieren durch die Enge des Geburtskanals. Unmittelbar nach der Geburt sind wir vom Rest unserer himmlischen Familie abgeschnitten und finden uns in einem schreienden kleinen Körper wieder.

Das Leben oder das "Bewohnen" des Körpers

Es vergehen Jahre des Wachstums und der körperlichen Entwicklung, ebenso der geistigen Entwicklung durch unsere irdischen Eltern, Verwandte, Freunde, Gesellschaft, etc. Alles Gelernte und Gesehene prägt erst einmal das, was wir dann ICH nennen. Man nennt es auch das EGO, das ist das geistige Gebilde, was wir sein sollen, inkl. des Körpers.

ICH bin ein Mädchen oder Junge
ICH bin groß, klein, schlank, dick

ICH bin klug, dumm, rege, still, angenehm, unangenehm, frech, lieb, sauer, fröhlich, etc.
ICH bin die Tochter oder der Sohn von...
ICH bin Schüler-In
ICH bin Jugendlicher
ICH bin Auszubildender
ICH bin dies und das
ICH bin wohlhabend, arm
ICH bin Deutscher, Türkin, Inder, Griechin, Amerikaner, Brasilianerin
ICH bin ... ICH bin ... ICH bin...

Sind wir das alles wirklich?

Was ist, wenn ein schlankes Kind frisst und frisst und fett wird
Was ist, wenn ein dummer Mensch lernt und lernt und lernt
Was ist, wenn ich all meinen Besitz verliere
Was ist, wenn ich auswandere und eine andere Staatsbürgerschaft annehme

Also dann war ich doch nicht schlank oder dumm oder reich oder Deutscher oder wie?

Wenn ich also nichts weiter war oder bin, wie das, was mich umgibt oder was ich habe, dann bin ich nichts und habe auch nichts – da ja alles irgendwann endet (Kindheit, Schule, Ausbildung, Berufsleben) oder vergeht, verloren geht, entwendet oder zerstört werden kann. Wenn dem nun so ist, dann bin ich also nichts weiter wie mein Körper, oder nicht? Nein, eigentlich nicht einmal das, denn auch dieser vergeht mit der Zeit.

Der Auszug

Im Normalfall ist es so, dass wenn der Körper den wir benutzen, unbrauchbar geworden ist, wir ihn einfach ablegen. Wir ziehen aus diesem Körper aus.

Dieses Ausziehen wird von einigen besonderen Merkmalen begleitet. Diejenigen, die sich mit Nahtoderfahrungen auskennen oder gar selbst schon einmal erlebt haben, werden so ziemlich einstimmig sagen, dass es eine Art Tunnel gibt, durch den man geleitet wird. Typisches Kennzeichen eines Raumes, den man betreten und wieder verlassen kann. Erinnerst du dich, weiter oben erwähnte ich schon den Geburtskanal – auch eine Art Tunnel.

Also nachdem wir dann diesen Tunnel passiert haben sind wir schon ein ganzes Stück näher an der erlebten Einheit mit Allem dran. Was dann noch alles geschieht würde jetzt den Rahmen sprengen.

Jedenfalls hinterlassen wir beim Auszug aus dem jetzigen Körper auch nur den Selbigen, abgesehen von einigen "Habseligkeiten", den Verwandten, Bekannten etc. – also alles in allem rein materielle Dinge, die wir zurücklassen.

Wir lassen aber eigentlich viel mehr zurück!

Während unser Körper begraben wird oder verbrannt oder was auch immer, entschwindet auch die Bewusstheit um diesen Körper, und die Zurückgebliebenen erinnern sich an Hand unserer Taten, unserer Worte, unseres Geistes. Also wir hinterlassen zum einen die materiellen Dinge (Körper, Habseligkeiten, Verwandte, Bekannte, etc.) und zum anderen etwas Spirituelles. Unsere geführten Gespräche, Ratschläge, Erfahrungswerte (Weisheiten), Weisungen für eine (hoffentlich ethisch-moralische) Lebensführung. Manches auch in literarischer Form von Gedichten oder auch Briefen etc. Alles in allem hinterlassen wir also etwas, was nach wie vor vorhanden ist, jedoch nicht greifbar – was es auch zu unseren Lebzeiten nicht ist. Von den Verstorbenen sprechen wir weniger als deren körperliche Erscheinung, wie von dem was sie auszeichnete als Mensch.

Wenn ich also im Gedenken nicht mehr der Körper bin, WAS BIN ICH DENN DANN?

Tatsache ist, ICH WAR, bevor ich in diesem Körper einzog und wenn ich wieder ausziehe, WERDE ICH SEIN, was ich vorher war. Also BIN ICH IMMER derselbe, nur in unterschiedlichen Gewändern, mal die eines Mannes, die einer Frau, die eines Tieres oder Pflanze. Wobei die Evolution sich meist aufwärts ausrichtet:

> Im Stein schläft die Seele
> In der Pflanze träumt die Seele
> Im Tier beginnt sie zu erwachen
> Und im Menschen erwacht sie

Und nun stellt sich die Frage, was bedeutet es eine unsterbliche Seele zu sein und woher entstammt sie?

Die Beantwortung dieser Frage sollte unser Hauptanliegen sein, die Erforschung unseres Selbst und damit gelangen wir automatisch zur Quelle allen SEINS – zu Gott, wie wir sie nennen. Indem wir uns dieser spirituellen Wissenschaft widmen werden wir das Wesen Gottes erkennen können, denke ich. So lautet auch ein philosophischer Ausspruch:

Erkenne Dich selbst und Du erkennst die Welt der Götter!

Da wir nun NICHT der Körper sind, von dem wir glauben wir wären es, ergeben sich einige interessante Experimentierfelder, wie zum Beispiel:

Was bedeutet es,

- KEIN Junge, Mädchen, Mann oder Frau zu sein, sich aber im Körper eines Jungen, Mädchens, Mannes oder Frau zu erfahren?
- KEIN Deutscher zu sein, sich aber als deutschstämmiger zu erfahren?
- KEIN vollkommener Körper zu sein und dennoch GANZ zu SEIN?
- KEIN materielles Verlangen zu haben und sich in einem materiellen Körper mit materiellem Verlangen nach Nahrung, Sexualität und Schutz zu erfahren.
- NICHT von dieser Welt zu sein, aber in ihr zu leben?

Allein bei Berücksichtigung der Tatsache, dass in jedem Körper, ja in jedem Wesen bis hin zu den Mineralien, eine Seele steckt, müsste uns dies nicht zu mehr Mitgefühl und Achtung gegenüber JEDEM LEBEN auffordern? Wer weiß schon, welche Seele in welchem Körper steckt und wie unsere himmlischen Verbindungen sind. Allein die Vermutung, die Seele des anderen mag schon seit Jahrhunderten oder Jahrtausenden unser himmlischer Gefährte oder Gefährtin sein, nötigt uns doch eigentlich den gebührenden Respekt im Umgang mit unseren Mit-Menschen und Mit-Lebewesen ab.

Und ich bin sicher, in uns Menschen steckt weitaus mehr, wie die Neigung zu Neid, Gier, Macht und Zerstörung – wenn wir uns selbst erfahren, erfahren wir auch die Wahrheit – und die Wahrheit ist Liebe!

In diesem Sinne wünsche ich Dir herzlichst eine abenteuerliche Entdeckung deines Selbst!

der Traveller
Januar 2004

* * *

Gibt es eine lebendige Zukunft?

Es gibt keine Zukunft und keine Vergangenheit. Auch die Gegenwart währt nur einen Augenblick lang und unterliegt dem ständigen Fluss von Kommen-Werden-Vergehen.

Das was wir für die Zukunft halten ist nichts weiter als ein Konstrukt, eine Illusion, ein Vorwegnehmen dessen, was geschehen könnte. Während sich viele Dinge mit ziemlicher Wahrscheinlichkeit auch nachher und morgen oder übermorgen an ihrem gewohnten Platz befinden, so ist eines doch nie in der Zukunft präsent und ebenso wenig in der Vergangenheit: wir selbst!

Wir meinen uns in der Zukunft zu sehen und sind doch mit unserem Körper in der Gegenwart, im Jetzt gefangen. Mögen wir auch Dinge in der Zukunft sehen, so fehlen uns dennoch einige wichtige Erfahrungen, das bewusste Erleben mittels unserer Sinne. Wir können in der Zukunft nicht fühlen wie sich der Wind auf unserer Haut anfühlt und auch können wir nicht die verschiedenen Gerüche wahrnehmen, sie riechen. Wir können das köstliche Mahl nicht schmecken. Wenn wir es tun, so kann dies nur aus dem Fundus unserer Geschmackserinnerung stammen. Wir können uns quasi einbilden etwas zu schmecken, es zu riechen oder zu fühlen.

Das ist die Kraft der Gedanken, die Kraft der Suggestion, die uns Dinge empfinden lässt, die nicht wirklich vorhanden sind. Das Gehirn gaukelt uns etwas vor, um sich nicht im Nichts zu verlieren. Es schafft sich sein eigenes Konstrukt in dem es sich dann virtuell bewegt.

Wir kennen dies anhand von wohltuenden Vorstellungen, angenehmen Illusionen wie zum Beispiel sich vorzustellen, wie es ist, sich abends ein Entspannungsbad zu gönnen. Und desgleichen findet sich auch im unangenehmen Sinne, nämlich der Angst. Wir können uns etwaige zukünftige Ereignisse so real vorstellen, dass wir tatsächlich Angst empfinden und unser Körper darauf mit Spannungen reagiert.

Was wir denken, wird in unserem Gehirn real, denn der Körper kann ja nicht sehen, er empfängt die Impulse der Augen oder die direkte Einspeisung durch den Verstand. Ergo kann der Körper oder das Gehirn in die Irre geführt werden. (man denke auch an Hypnose oder Telekinese)

Und nun stellt sich die Frage, wie gegenwartsbezogen erleben wir die Gegenwart, das Jetzt?

Wir wandeln von einem Moment zum Nächsten, erleben also jeden Moment eigentlich neu. Als ich anfing diesen Text zu schreiben, hatte ich ein bestimmtes Gefühl, eine gewisse Stimmung. Und jetzt, einige Minuten und Zeilen später ist es ein anderes Gefühl, eine leicht veränderte Stimmung. Es gibt nichts daran zu rütteln, ich komme nicht mehr in den Zustand, den ich noch vor wenigen Minuten hatte. So scheint mir die Frage durchaus berechtigt, die nach der Vergangenheit:

Wie real ist jetzt noch die Vergangenheit?

Sicher gibt es die stillen Zeitzeugen, wie die Presse zum Beispiel. So kann ich in den Zeitungen und Archiven nachlesen, was an jenem bestimmten Tag alles passiert ist. Und da steckt schon die Lösung drin, wenn etwas passiert, was tut es dann? Es passiert eben - es geht vorbei! Deshalb werden die Gäste eines sich bewegenden Objektes auch Passagiere genannt, im Flugzeug, auf dem Schiff, im Reisebus, etc...

Zukunft-Gegenwart-Vergangenheit als sich ständig bewegendes Objekt im Zeitenstrom bedeutet demzufolge: Kommen-Werden/Sein-Vergehen!
Wir sind also ewige Passagiere im Zeit-Schiff, wobei sich weder wir uns an unserer bewusst wahrgenommenen Umwelt mit allen Ereignissen vorbei bewegen, noch die Umwelt und deren Ereignisse sich an uns vorbei bewegen, sondern wir bewegen uns zusammen mit unserer Umwelt innerhalb der Geschehnisse.

Somit ist der jetzige Moment gleichzeitig Zukunft-Vergangenheit-Gegenwart, die eben noch Zukunft war und gleich wiederum Vergangenheit sein wird.

Folglich ist jeder nicht bewusst gelebte Moment des Jetzt-Zustandes, der Gegenwart eigentlich ein toter Moment, da wir ja weder in der Vergangenheit noch in der Zukunft real etwas tun können.

Und angesichts unseres Sklaven-Daseins, Sklaven der Zeit, richten wir nur all zu oft den Blick auf die nächsten Termine und versäumen es völlig im Hier und Jetzt zu verweilen. Den Moment zu erleben mit all seinen Eindrücken und Erfahrungen. Es gelingt uns Ansatzweise nur beim Entspannen, so wir dabei auch wirklich abschalten können. Denn dann sind wir auf das bewusste Erleben der Entspannung ausgerichtet und genießen die Ruhe, die Düfte, den Wind und vernehmen die Naturgeräusche nicht als störend, sondern als dazugehörend und in diesem Zustand hören wir auch kaum noch was gesagt wird, sondern lediglich, dass etwas gesagt wird. Ein Knäuel aus Stimmen, jedoch ohne Bedeutung.

Und so entscheiden wir jeden Moment, bewusst oder unbewusst, ob wir im Hier und Jetzt leben oder in der Vergangenheit und Zukunft leblos umherirren.

der Traveller
April 2004

* * *

Mikro + Makro - wie Innen so Außen oder

NORMAL - ist das, was uns alle krankmacht!
NATÜRLICH - ist das, was uns heilt!

Das, was uns als "normal" erscheint, was also fast ALLE machen und auch denken, wird im Allgemeinen für normal gehalten, wird für richtig gehalten und auch als "gesund". Und doch, wenn wir hinter dieser scheinbaren Normalität schauen, so entdecken wir immer wieder Ungereimtheiten, Widersprüche und fehlerhafte Interpretationen der Dinge wie sie wirklich sind. Nur, wer macht sich die Mühe, die Dinge zu hinterfragen, wer zweifelt die Glaubwürdigkeit von Obrigkeiten und Wissenschaft an? Wer will wirklich wissen, wie es hinter der Fassade der scheinbaren Normalität aussieht?

Tatsache ist, dass wir trotz aller technischen, medizinischen und wissenschaftlichen Errungenschaften weit davon entfernt sind ein sorgloses und glückliches Leben führen zu können. Oder ist es normal,

- dass Krankheiten zunehmen und in ihren Erscheinungen eher schlimmer statt besser werden?
- dass die Ältere Generation, die UNS den Weg bereitet hat, mehr leidet denn je unter der Würde- und Respektlosigkeit mit denen man ihnen begegnet, mit Missachtung und einer

Behandlungsweise die früher noch eher "Aussätzige" erfahren haben?
- dass mehr und mehr Jugendliche keine Orientierung haben, keinen Sinn finden können und sich gänzlich missverstanden fühlen?
- dass wir eher und lieber bei Katastrophenmeldungen hinhören, anstatt unserem Nächsten zuzuhören?
- dass wir trotz allen Wissens um die Folgen immer noch beharrlich dem hemmungs- und rücksichtslosen Konsum frönen, ohne jemals auf den Gedanken zu kommen, dass WIR die Verursacher des Elends in den Dritte Welt Ländern sind?
- dass uns die hohen Scheidungsraten, die häufigen Beziehungs-Katastrophen, die hohe Anzahl der ungewollt Alleinlebenden, der Singles nicht stutzig machen?
- dass ca. 90% der Bevölkerung psychisch krank ist, also deren Seelenheil erkrankt ist? (Ich bin übrigens einer davon!)
- dass Liebe gänzlich missverstanden und genial vermarktet, aber nur von sehr wenigen wirklich gelebt wird?
- dass wir, würden wir schonungslos offen zu uns selbst sein, wir uns eingestehen müssten trotz tollem Job, schöner Wohnung, Reisen und Vergnügungen zahlreicher Couleur dennoch tief im Innern unglücklich sind?

- und und und...

Eine andere Tatsache ist hingegen auch, das eine natürliche Lebensweise uns Heilung bringen kann, uns ALLEN, der gesamten Menschheit. Denn betrachten wir das Wort "natürlich" genauer, so sehen wir zwei wesentliche Dinge: Natur + Licht!

Sind nicht gerade das die entspannenden Momente, wo wir uns in der Natur aufhalten, im Park spazieren gehen, am Strand oder Ufer, in den Bergen und über Felder und Wiesen laufen? Natürlich sind sie es!

Und wenn sie es schon sind, warum achten und bewahren wir sie dann nicht? Nur weil wir keinen Bezug mehr dazu haben, weil uns eine "beseelte" Natur fremd ist? Das können wir doch alles wieder lernen. Gerade in den letzten Jahren finden Naturheilmittel immer mehr Anklang, weil die herkömmliche Schulmedizin nach wie vor keine Heilung bringt, sondern immer noch bemüht ist, die Symptome zu unterdrücken und dies auf Kosten eines neu verursachten Symptoms, das uns wiederum krank macht oder um es genau zu sagen, erst gar nicht genesen lässt. Das wohl eindrücklichste Beispiel stellt sicher die Chemotherapie dar. Wem graut nicht davor, solch Leid erfahren zu müssen, nur um einige Monate oder Jahre länger leben zu können, wobei dann aber auch kaum noch von Lebensqualität gesprochen werden kann. Die wenigen, die "geheilt" wurden, waren nicht beabsichtigt - es ist eher als Ausnahme zu sehen.

Die "Normalos" verlassen sich darauf, dass es gegen jedes Wehwehchen eine Pille gibt. Alcaselzer gegen den Kater, "Tremmi" räumt den Magen auf, "Darmoflott" reguliert die Darm-Flora, "Rhinozech" und der Schnupfen is wech, "Heiterli" und das Stimmungstief ist verschwunden ... und so weiter ...

Ist dann wirklich alles verschwunden? Und wenn ja, wohin? Na ja, egal - Hauptsache es ist weg.

Doch Monate oder Jahre später, eine schwere Krankheit, wie kann das denn sein? Ich habe doch dies und das geschluckt, gespritzt bekommen und dann so etwas? Das geht aber nicht. Klar geht das, denn wenn die Symptome unterdrückt werden, dann sind sie nicht weg, sondern eben unterdrückt. Und mit ihnen, den Symptomen, ist es wie mit jedem anderen natürlichen Wesen: Wenn man es zu sehr und zu lange unterdrückt, wehrt es sich umso massiver! Was Anderes ist beispielsweise eine Revolution, ein Aufbegehren, ein Widerstand gegen die Unterdrücker? Es ist nichts Anderes, es ist ein Naturgesetz, ein kosmisches Gesetz von Unten wie Oben, von Innen wie Außen und von Makro- und Mikrokosmos.

Was erleben wir denn in der Welt Tag täglich aufs Neue?

Genau die Spiegelung unserer eigenen inneren Welt, unseres eigenen inneren Seelenzustandes! Wir erleben "draußen" genau dieselben inneren Kämpfe, die jeder mit sich selbst austrägt. Und nur wer krank ist, wer Schaden genommen hat an seinem Seelenheil, an seiner Psyche und seinem physischen Körper, der hat bereits lange vorher schon immense innere Kämpfe ausgetragen. Genau diese Kämpfe projizieren wir nach Außen und erleben sie täglich in den zahllosen Kriegen auf dieser Erde, in den zahlreichen Verbrechen, den Misshandlungen an Mensch und Umwelt, die gesamte Unverstandenheit unseres wahren Selbst und die daraus resultierenden Fehlverhalten offenbaren sich in eben all diesen negativen Erscheinungsformen. Dazu gehören ebenso die Naturkatastrophen, denn sie sind in der Mehrzahl nicht "natürlich" verursacht, sondern durch eine unnatürliche Behandlung erst erzeugt worden, sowie eine unnatürliche Behandlung eines Patienten eine weitere andere Krankheit oder krankmachendes Symptom hervorruft!

Im Grunde versucht die Natur nur sich selbst zu regulieren, so wie es auch unser Körper tun würde, würde man ihn nur lassen. Stattdessen aber wird zum Beispiel Fieber als Krankheit angesehen und nicht als notwendiger Bestandteil eines körpereigenen Heilungsprozesses.

Gehen wir davon aus, wie Innen so Außen, dann müssen wir auch die Erde dabei berücksichtigen, sie mit einschließen in der Verbundenheit aller Dinge. Und schauen wir uns den Zustand der Erde an, die verseuchten Flüsse und Seen, sowie Teile der Ozeane, die Luft, den Boden, die Pflanzen und Tiere - und schauen wir nun auf uns Menschen und ihren Krankheiten. Sehen wir da nicht genau dasselbe? In der Verbundenheit aller Dinge ist es nicht möglich, dass die Erde sehr krank ist und wir Menschen nicht davon betroffen wären. In der Erde spiegelt sich genauso der Mensch, wie umgekehrt. Hat die Erde nicht auch eine Haut? Und atmet sie nicht auch wie wir? Das Lymphsystem entspricht den Quellen und Flüssen und so weiter. Die Geschwüre und sonstige Leiden der Erde erleben wir als Krebs-Krankheit und erst wenn die Erde geheilt ist, dann wird es auch keinen Krebs mehr geben und keinen Tag früher! Selbst die Gen-Labore werden ihn nicht besiegen können, denn in der allumfassenden Verbundenheit gibt es kein Getrennt-Sein, keine Isolation. Nur wir Menschen haben uns in unserem Drängen nach mehr Annehmlichkeiten, völlig ohne Sinn und Verstand isoliert, indem wir den metaphysischen Bezug zu den Dingen verloren haben, aufgegeben haben zu Gunsten eines fragwürdigen Wohlstandes, den wir heute als Missstand erleben.

Die Selbstisolation fordert ihren Tribut durch maßlose Gier, dem Streben nach Macht und Besitz. Das führt zu den zahlreichen Kämpfen um die Beute, um die Machtposition und den Besitz anderer. Wir bekämpfen letztlich uns selbst und werden uns selbst dabei zerstören, sowie alles Negative immer nur sich selbst zerstört.

Das was wir in uns selbst nicht wahrhaben, nicht annehmen wollen projizieren wir nach außen, um es dort besser bekämpfen zu können. Dies zeigt sich in einer "normalen" Gesellschaft unter anderem daran, dass wir alles Unschöne ablehnen und uns dem Schönen zuwenden mit allen negativen Begleiterscheinungen der Kosmetikindustrie (Tierversuche, Umweltverschmutzung, Raubbau), Schönheits-OPs, Verstecken, Übertünchen, Kaschieren und Eliminieren. Wir suchen ständig nach den "schwarzen Schafen" der Gesellschaft und verurteilen sie, sperren sie ein und sperren sie weg in Altenheimen und sonstigen Klinken. Widersacher werden für unglaubwürdig erklärt und als Aufrührer gebrandmarkt, die "natürlichen" Antikörper der Gesellschaft nehmen sich der Ab-Normalität an und kehren sie um und wenn dies nicht gelingt werden sie mundtot gemacht. Dabei erfahren sie nicht selten die Unterstützung der "eingefleischten Normalos" und sogar deren Zustimmung, denn diese Außenseiter passen nicht in das Bild einer normalen Gesellschaft. Sowie meine erschreckende Aggressivität nicht in das Bild eines liebenden Menschen passen würde. Also weg damit! Denn es kann nicht sein, was nicht sein soll! Und auch hier wieder Makro + Mikro - der einzelne Kampf gegen den Verbrecher, den Widersacher entspricht auf Makroebene den Kriegen, denn die Gegner sind ja die Verbrecher, die die nicht in das Konzept einer "zivilisierten" Gesellschaft passen.

Nur so lassen sich all die Ungereimtheiten erklären, die Fehlverhalten und Unnatürlichkeiten in unserem täglichen Leben.

In dem wir die selbst projizierten "Missstände" im Außen bekämpfen, bekämpfen wir nur uns selbst und verhindern die eigene Entwicklung zum wahrhaftig lebendigen Menschen, zu einem ganzheitlichen Menschen in einer polaren Welt, die sich nun mal aus Gegensätzen zusammensetzt.

Ergo kann die Heilung des Planeten und der Menschheit nur dort ansetzen, wo sie Sinn macht: bei uns selbst!

Mikro und Makro

Was wir als "Mikrokosmos" an und in uns heilen, heilt den Zustand unseres Makrokosmos, unserer Erde! Alles was wir selbst an wirklicher natürlicher Heilung erfahren, erfährt ebenso die gesamte Menschheit - Stück für Stück - bis zur völligen Genesung!

Nicht durch Ablehnung, sondern durch Annahme dessen was ist erfahren wir Heilung. Im Erkennen unserer komplexen Polarität und die Entwicklung eines ganzheitlichen Bewusstseins liegt unsere Chance zur Heilung.

So wie es keinen Weg zum Frieden gibt, denn Friede selbst ist der Weg - so gibt es keinen Weg zur Liebe. Liebe selbst ist der Weg. Und so auch der Heilungsprozess.

Alles was wir vehement bekämpfen wird sich nur noch mehr verstärken, da es unsere Energie bekommt. Die Energie folgt der Aufmerksamkeit. Richten wir diese Aufmerksamkeit gegen etwas, so verstärken wir es. Richten wir sie auf etwas Anderes, so verstärken wir eben dies. Heißt, nicht im Bekämpfen des Un-Guten, sondern im Stärken des Guten liegt der Weg. Ich kann nicht gegen das vermeintlich Böse ankämpfen ohne dabei Energie von meinem vermeintlich Guten abzuziehen.

Seit über einem Jahr erleben wir dies sehr deutlich am Beispiel des Irak-Krieges, der ja offiziell eigentlich vorbei ist, aber dennoch haben sich die "Gegner" wie ein bösartiges Geschwür über die ganze Welt verteilt um hier und da vermehrt auszubrechen (siehe jüngst in Spanien) und es weiter tun wird. Noch stärker Bekämpfen, noch massiver Vorgehen heißt die Devise der Führenden und wohin wird es uns führen - wohin werden sie uns führen?

1+1=2 --- Es werden sich noch mehr Geschwüre bilden und noch mehr Ausbrüche stattfinden!

Und dieser Zustand wird dann für normal gehalten - es ist eben so, das Böse muss bekämpft werden! Gleich, was es koste. Und zusätzlich bringen die Kriege noch schlimmere psychisch Kranke hervor, als es die "kriegsfreien" Gebiete ohnehin schon tun.

Wie war das doch gleich:

NORMAL - ist das, was uns alle krankmacht!

NATÜRLICH - ist das, was uns heilt!

Im Wesentlichen können wir also nur an uns selbst mit der Heilung beginnen. Mit der Ausrichtung an einer natürlichen Lebensweise, mit dem zu tage fördern unseres nebulösen Seelenzustandes und ihn uns bewusstmachen, erkennen was ist und überall dort ansetzen, wo Heilung notwendig ist. Die Erde tut dies bereits, sie befindet sich im Heilungsprozess und wird sich aller Unheil bringender Energien entledigen, sie entfernen.

Natur + Licht, wobei Licht (auch) für die Liebe steht. Eine aufmerksame Liebe zu sich selbst und der Wunsch glücklich zu sein führt dazu, sich mehr und mehr seinem Selbst zu widmen, zu erforschen wer wir wirklich sind und mit Standhaftigkeit und starkem Willen durch die erschütternde Wahrheit zu gehen. Keine Scheuklappen mehr tragen, keiner Massenmanipulation mehr anheimfallen, keiner Fremdbestimmung unterliegen, kein fügsamer Untertan mehr sein, kein "Opfer" mehr sein - sondern sich von sich selbst befreien, seine Selbst-Lügen erkennen und aufgeben, das Belügen der anderen einstellen, die Aufrechterhaltung der selbst geschaffenen Illusion von romantischer Liebe und irdischem Glück einstellen, das Unterdrücken der Gefühle beenden und so heißt es auch:

Du musst zuerst sterben, bevor du leben kannst.

der Traveller
April 2004

* * *

Sich als liebend erfahren

Sich als liebend zu erfahren ist für mich auch ein Loslassen oder eher eine Losgelöstheit, in der nicht mehr nur gedacht wird, sondern wahrhaftig gelebt, indem man einfach so ist, wie man ist. Mehr noch, wie man ja im Grunde seines Herzens sein möchte. In den Momenten, wo ich mich als liebend erfahre, bin ich mir derer gar nicht mal so richtig bewusst, sondern lebe es einfach - weil es äußerst wohltuend ist zu sein, was meiner wahren Natur entspricht. Da gibt es kein Kalkül, keine Überlegung, denn diese Energie der Liebe fließt von ganz allein, sofern wir es zulassen wollen. Sicher ist dies (noch) nicht 24 Stunden eines jeden Tages so, dann wäre ich oder du bestimmt auf eine andere Art und Weise tätig und wirksam. Deswegen sind wir ja hier, um zu lernen dieser Energie der Liebe zu vertrauen, uns ihr hinzugeben und sie fließen zu lassen. Sie kann nie eingesetzt werden, um etwas zu erreichen, im Sinne von egoistischem Begehren oder Zielen, nein, vielmehr setzt sie sich selber ein um sich zu entfalten, um etwas zu bewirken ohne dabei etwas für sich zu wollen. Sie verschenkt sich einfach und ihr Credo ist das Geben! Daher kann nicht von Liebe gesprochen werden, wenn sie in Abhängigkeit zu etwas, zu jemandem oder zu einem bestimmten Umstand, Verhaltensweise etc. steht. Sie ist ein Seins-Zustand und kein Werkzeug, kein Mittel zum Zweck. Nur im Missbrauch wird sie zur Ware, mittels derer man andere manipuliert, ausnützt, unterwürfig und abhängig macht. Noch nie hat solch ein Missbrauch zu etwas Gutem geführt, da es immer demjenigen dient, der sie bewusst einsetzt, bewusst missbraucht um etwas zu erreichen, sei es die Liebe eines anderen, sei es das Ende des Alleinseins, sei es Zuwendung, sei es Sex. Was auch immer, es hinterlässt unangenehme Spuren, Verletzungen, Enttäuschungen, Misshandlungen und somit eine tiefe Kränkung der Seele des anderen. Diese Krankheit wiederum kann nur durch wahrhaftige Liebe wieder geheilt werden. Liebe zu sich selbst und die Liebe, die wir weitergeben.

Jeder, der Liebe für sich selbst entwickelt, ist auch in der Lage Liebe für andere zu entwickeln, sie zuzulassen. Nur wer sich selbst so liebt, wie er ist, kann den anderen so lieben wie er eben ist, in seinem SO-SEIN. Nur dann kann ich den anderen wirklich verstehen und ihn annehmen. Würde dieses Annehmen sich rein vom Verstand her ergeben, so ist es immer in Gefahr durch einen bestimmten Umstand, eine Verhaltensweise, etc. sich wieder umzukehren in Ablehnung. Heute Liebe - morgen Hiebe! Das ist keine Liebe.

Ich verstehe auch, warum wir in einer Leistungsgesellschaft, die immer nur fordert und noch mehr begehrt, es so schwer haben "einfach nur zu Sein". Dieses einfach nur Sein scheint als wenig effizient, es bringt anscheinend nichts ein und ist für eingefleischte Materialisten eher contraproduktiv. Und deswegen tun wir uns auch so schwer sie zuzulassen. Es erscheint uns fast fragwürdig, dass man mit relativ geringem Einsatz dennoch glücklich sein kann. Wir haben gelernt immer etwas zu geben, etwas zu leisten um etwas zu bekommen. Doch dass uns einfach so Liebe zum Geschenk wird, das stellen wir zu oft in Frage, weil wir uns selbst in Frage stellen, für unwürdig erachten, für fehlerhaft und nicht liebenswert. Von eben dieser "Krankheit" des Denkens gilt es sich zu befreien und zu erkennen, dass nicht nur wir selbst liebenswert sind, sondern auch alle und alles andere ebenso.

Das ist wie gesagt kein leichter Weg, nicht in einer Leistungsgesellschaft, die soviel von ihren Bürgern fordert und doch so wenig zu geben vermag - denn sie kann ihnen keine Liebe geben!

Du und ich, wir können das ändern - und zwar in unserem ganz alltäglichen Leben, wenn es auch noch so einfach oder gar wertlos erscheinen mag, so ist doch eines jedem Leben bedeutungsvoll im Hinblick für all die anderen Menschen und Mitlebewesen, denen wir begegnen.

Hätte die Quelle Dich erschaffen, wenn es keinen Sinn gemacht hätte und du nicht auch deinen Teil zur Schöpfung beitragen könntest, indem du einfach bist wie du bist, indem du dein liebendes Wesen entdeckst und es aufleben lässt?

     der Traveller   Mai 2004

Über unsere Wahrnehmung

Wir nehmen nur einen Bruchteil dessen wahr, was wirklich geschieht.

Nehmen wir mal unser jetziges Leben und betrachten es. Würde ich dich jetzt fragen, was du mir aus und über dein Leben zu erzählen hättest, was würdest du antworten?

Sehr wahrscheinlich (es scheint die Wahrheit zu sein!) wirst du von Erlebnissen berichten, die du hattest, angenehme und unangenehme. Deine Kindheit, Jugend, Partnerschaften, Reisen, Arbeitswelt etc. alles wäre eine Wiedergabe dessen, was du bewusst erlebt hast, was dir widerfahren ist. Dabei hast du alles mit deinen dir zur Verfügung stehenden Sinnen erfahren und aufgenommen – also der ganze physische Bereich des sichtbaren. Dazu kommen die Emotionen und die Gefühle, was sich in der Art und Weise zeigt, wie du diese Erlebnisse und Begebenheiten schilderst. Und am Ende hätten wir eben besagte Ansammlungen physischer Erlebnisse. Kindheit – Schule – Jugend – Familie – Beruf usw., eine lange Liste jedoch äußerst unvollständig.

Warum nun unvollständig?

Man möge bedenken, dass das, was wir bewusst erleben zum einen davon abhängt, wie weit unser Bewusstsein entwickelt ist, wie weit es geschult wurde, um die Dinge überhaupt wahrzunehmen. Denn wir können nur das "sehen", von dem wir wissen, dass es das auch gibt. Was nicht heißt, dass wir jedes Tier kennen müssen oder jede Pflanze. Also wenn wir einem unbekannten Tier oder Pflanze begegnen, dann nur deshalb, weil wir diese Möglichkeit bewusst integriert haben. Wir wissen um eine Vielzahl von Tieren und wissen auch, dass es noch unzählige andere gibt, ergo wird es uns nicht weiter verwundern oder sich gar aus unserem bewussten Blickfeld entziehen, wenn wir ihnen begegnen. So machen sich Biologen bewusst auf den Weg, um neue Lebensformen zu entdecken.

Unvollständig meint aber eher den nicht-physischen Bereich, also all das, was sich dort abspielt, wo wir es (noch) nicht sehen können. Wir nehmen zum Beispiel nicht bewusst wahr, wie sich eine Seele neu inkarniert, oder wie die Energie von Lichtwesen auf uns wirkt. Wir sehen die ganzen mentalen Verbindungen untereinander nicht und doch existieren sie. Telepathie, Fernheilung, Geistheilung um nur einige zu nennen. Einfaches Beispiel:

Du denkst an jemand ganz bestimmten und prompt stellt sich eine nicht-physische Verbindung her, deren Auswirkung du allerdings physisch erlebst. So geschieht es denn auch, dass du just in diesem Moment einen Anruf oder Post (Brief oder E-Mail, SMS) bekommst oder dass du eine unerwartete Begegnung mit diesem Menschen hast.

Als ich z.B. eines Tages mit meinem Sohn im Auto unterwegs war, da sagte ich so beiläufig: Na wer weiß, vielleicht sehen wir Opa heute. (Denn er verdingt sich als Taxifahrer und ist somit überall in der Stadt unterwegs). So geschah es denn auch keine 30 Minuten später, dass wir an einer Ampelkreuzung bei Rot nebeneinanderstanden und ich sagte nur: He, schau mal wer da neben uns ist! Und wir schauten beide zu dem Taxi, in dem Opa saß.

Aufgrund meiner eigenen Vorbildung wusste ich nun um die Energie, die C.G.Jung die Synchronizität nennt und somit war es für mich nicht weiter verwunderlich. Doch wie vielen ist dieser Umstand fremd? Wie wenige wissen um diese nicht-physische Energien, die uns ständig begleiten und umgeben und vor allem mit jedem und allem auf eine ganz bestimmte weise verbinden. Es wäre am ehesten zu vergleichen mit einer Anzahl Menschen und weiterer Lebewesen die sich alle im Wasser befinden. Egal an welchem Ort eines Meeres und aller "Verbindungen" wie Flüsse, Kanäle, Seen und unterirdische Wasserläufe man sich befindet - alles und jedes ist über das Wasser miteinander verbunden. Würde man die bewussten Verbindungen farblich sichtbar machen, so hätten wir ein riesiges Gewirr an farbigen Verbindungen. Ein Gewirr, das unser Auge nicht mehr zu entwirren vermag.

So ist es denn auch denkbar, dass ich einen bestimmten Gedanken, eine Energie also, an jemanden sende und der Empfänger ihn unmittelbar erhält, schneller noch als eine Mail. Ebenso empfange ich bewusst oder unbewusst alle Energien, die an mich "adressiert" sind. Dabei können diese Energien oder Energiefelder sich in ihrer Auswirkung recht unterschiedlich offenbaren.

Es gibt inzwischen wissenschaftliche Untersuchungen, die bestätigen, dass, wenn mehrere Menschen sich auf einen bestimmten Menschen konzentrieren und diesem Liebe senden, er schneller eine Heilung erfährt, wie derjenige, an den diese Energiefelder nicht "adressiert" sind, aber unter der gleichen Krankheit oder Disharmonie seines Körpers leidet. Da kommen wir ganz schnell in den Bereich der Schwingungen. Und wir wissen auch, dass die Musik von Bach oder Mozart beispielsweise äußerst positive Effekte auf die Heilung hat, sowohl im körperlichen wie auch seelischen Bereich. Schwingungen sind demnach ein wesentliches Thema in der Wahrnehmung dessen, was uns umgibt und auch durchdringt.

Du kennst doch auch die Empfindungen, wenn du einen Raum betrittst und sogleich bemerkst "hier ist aber dicke Luft", ohne etwas von der "Dicke" zu wissen, ob sich nun jemand gestritten hat oder eine sonstige negative Energie entladen hat, konntest du dennoch spüren wie sich die Energie in diesem Raum anfühlt. Ähnlich ergeht es auch Menschen, die sensibler sind und somit empfänglicher für Schwingungen, für Energiefelder. Du kannst es auch spüren bei Begegnungen. Dabei sagen wir dann, den kann ich nicht riechen, oder zu dem fühlt man sich irgendwie hingezogen, Sympathie und Antipathie.

Im Feng-Shui wird bewusst mit diesen Energien gearbeitet. Hierbei hat der Feng-Shui-Berater eine oft jahrzehntelange Ausbildung genossen und lernt noch dazu, um die ganzen Bereiche der energetischen Aus- und Einwirkungen von Landschaften, Gegenständen, Lebewesen und auch Geistwesen bei seiner Arbeit zu berücksichtigen. Auch hier ein einfaches Beispiel:

Es wird gelehrt, dass wenn man eine Wohnung oder Haus bezieht, diese regelrecht gereinigt werden sollte, von der alten hinterlassenen Energie der Vormieter oder Vorbewohner. Ich erinnere mich noch, wie die Kursleiterin uns sehr deutlich zeigte, man könne durch die ganze Wohnung gehen und jede Wand mit starkem Beklopfen der Handfläche die alten Geister vertreiben, die alten Energien auflösen.

Gerade Energien, die sich in Gegenständen festsetzen können einem ganz schön zusetzen. So birgt denn auch manch altes Erbstück oft mehr als einem lieb ist. Bei den Indianern war es unter vielen Stämmen verbreitet, die Gegenstände verstorbener zu verbrennen, damit deren Energie nicht auf andere übergehen kann, egal ob mit positiver oder negativer Auswirkung.

Ein anderes Sprichwort der Indianer lautet hingegen auch: Du kennst einen Menschen erst, wenn

Du ein paar Meilen in seinen Schuhen gelaufen bist.

Diese Aussage rührt sicherlich nicht von ungefähr, sondern hat ihren Ursprung in der bewussten Wahrnehmung der Schwingungen.

Gesetze in der metaphysischen Welt

Ist unser Bewusstsein noch nicht soweit entwickelt, um solche Energien wahrzunehmen, so sind uns andere Umstände noch fremder. Dass es im metaphysischen Bereich auch Gesetze gibt scheint nun noch weiter weg, als die Schwingungen, die uns umgeben und durchdringen sollen. Doch dem ist so, denn nichts entsteht einfach so. Alles unterliegt der Kausalität von Ursache und Wirkung. Dies ist auch eines der obersten Gesetze im Universum:

Ursache und Wirkung

Alles was geschieht hat seine bestimmte Ursache. Sowohl im physischen, wie auch im metaphysischen Bereich. Der physische Bereich ist uns allen hinlänglich bekannt, da muss kaum etwas erklärt werden. Viel interessanter und aufschlussreicher wird es hingegen im metaphysischen Bereich.

Gehen wir davon aus, dass jeder Gedanke, jedes Wort und jede Handlung ein gewisses Energiefeld erzeugen, so sind wir täglich damit beschäftigt eine Vielzahl solcher Energiefelder zu erzeugen. Die meisten übrigens unbewusst.

Eine Handlung erzeugt ein Energiefeld welches sich im mentalen Geistraum befindet. Diese Energie ist aus der Ursache entstanden und wird früher oder später ihre Wirkung zeigen, so wie etwa die Saat aufgeht. Und je nachdem was wir sähen wird unsere "Ernte" ausfallen. Das ist so gesehen nichts Ungewöhnliches. Ungewöhnlich wird es für die meisten erst dann, wenn sich gewisse Ereignisse in ihrem Leben als widrige Umstände erweisen und sie sich nicht erklären können, warum gerade ihnen so etwas passiert. Selbstverständlich ist es bei den "Glücksfällen" genauso, oder den angenehmen Ereignissen. Manchmal laufen die Dinge gut und manchmal eben nicht. Nur warum das so ist entzieht sich häufig nicht nur unserer Kenntnis, sondern auch unserem Bewusstsein. Mangelndes Wissen hat ein geringes Bewusstsein zu Folge. Je mehr ich weiß, desto bewusster kann ich durchs Leben gehen. Und schließlich ist Wissen Macht. Macht kommt von machen und ist somit wertneutral. Wer nichts weiß kann nicht viel machen und hat somit weniger Macht, sowohl über sich selbst, als auch über die Energien, die sein Leben betreffen und beeinflussen. Warum wohl sind die Mächtigen daran interessiert das Volk dumm zu halten? Ursache und Wirkung! Denn würde jeder entsprechend geschult werden, gäbe es keine totalitären

Machthaber mehr, das "wissende" Volk würde ihnen keine Macht mehr zur Verfügung stellen.

Resonanzgesetz

Nur kurz angerissen sei gesagt, dass das Resonanzgesetz darauf beruht, dass sich Energiefelder und Energien gleicher Ausrichtung anziehen – Resonanz. Das sehen wir ständig in unserer Welt um uns herum und an uns selbst. Wir gesellen uns am liebsten zu den Menschen, die unserer Energie, unserer Schwingung entsprechen. Befinde ich mich als Mensch mit einer bestimmten Energie in mitten einer Gruppe von Menschen, die nun gar nicht dieser Schwingungsebene entsprechen, so fühle ich mich recht unwohl und werde quasi abgestoßen. Andererseits fühle ich mich dann wieder bei Menschen mit gleicher oder ähnlicher Schwingung angezogen und somit auch sicher. Ich kann mich entfalten und frei sein, was mir in der anderen Gruppe weniger gelingt, da die Energien mich eher gefangen halten. Wir erleben es als ein abgetrennt sein, oder als ob jemand oder etwas einem den Hals zuschnüre, wie auch immer, diese Disharmonie der Energien zeigt sich sehr deutlich. Die Kunst hierbei ist es, dies auch bewusst zu erleben, also zu wissen was und warum hier etwas mit mir geschieht. So dann kann ich den Umstand auch umgehend ändern und in ein anderes Energiefeld wechseln.

Gerade das Thema Liebesbeziehungen ist ein ideales Übungsterrain für bewusste Wahrnehmungen der Energiefelder. Wie oft beklagen sich Menschen beiderlei Geschlechts darüber, sie gerieten immer wieder an den oder die Falschen. Doch beim nächsten Mann oder Frau wird alles anders! Nichts da – es geschieht keine Veränderung im Außen, solange keine Veränderung im Innern stattfindet. Nur der Wunsch oder Wille vermag da nicht viel zu bewirken. Jede Anstrengung ist zum scheitern verurteilt. Und gemäß dem Resonanzgesetz ziehen wir unwillkürlich wieder genau den Partner an, der unserer eigenen Schwingung, unserer eigenen Bewusstheit und Energie entspricht. Alles andere wird als "nicht passend" eingestuft.

Veränderung kann als nur dann eintreten, wenn wir uns selbst verändern, wenn sich unser Bewusstsein erweitert und wir dazulernen und somit ein neues verändertes Energiefeld aufbauen, welches dann in Folge auch andere Menschen anziehen wird. Resonanzgesetz. Und eh man/Frau sich's versieht wird dann vielleicht doch alles anders beim nächsten Mal!

Ich denke an diesem Punkt kannst du dir nun deine eigenen Gedanken machen, wie es mit den Dingen im metaphysischen Bereich steht und dich auf das Abenteuer Leben einlassen. Allein diese beiden Gesetze von URSACHE UND WIRKUNG sowie dem RESONANZGESETZ geben dir genug Möglichkeiten diese in deinem täglichen

Leben zu beobachten, zu erfahren und spüren am eigenen Leibe. Und so du mehr daran interessiert bist, mehr wissen möchtest baust du auch automatisch ein gewisses Energiefeld auf, welches unweigerlich nach dem Resonanzgesetz genau die Antworten zu dir bringen wird, die du benötigst. Es genügt schon sich mit dem Thema intensiver zu beschäftigen und schon stellen sich Begegnungen und Hilfestellungen ein. Du wirst feststellen, dass dir Artikel, Bücher, Dokumentationen oder ähnliches zufallen. Halte also Augen und Ohren offen, denn wer sehen will, dem wird auch gezeigt werden. Somit wirst du auch erfahren, dass es keine Zufälle gibt im Leben, sondern eben Zufälle, Dinge die dir zufallen. Lass dich überraschen, ein Meer an Informationen wartet auf dich, um von dir entdeckt zu werden.

der Traveller

Juni 2004

* * *

Wenn spirituelles Wissen in der Schule gelehrt werden würde

Gehen wir mal davon aus, dass, entgegen bisheriger Praxis, spirituelles Wissen in der Schule gelehrt werden würde.

Die Folgen für die Gesellschaft, Wirtschaft, Forschung, Wissenschaft und Religionen wären in einem solch positiven Ausmaß, wie es die Welt seit Jahrtausenden nicht mehr erlebt hat. Das wäre eine tief greifende spirituelle Globalisierung, wie sie sich die jetzigen Global Player natürlich nicht wünschen. Denn Sie hätten dann keine Macht mehr über die Menschen, über Ländereien und Kapital. Genau das ist es, wovor sich die jetzigen Global Player fürchten. Sie haben Angst, dass wir Menschen uns endlich besinnen und zu einer spirituellen Lebensweise finden, die dem Streben nach Macht und Kapital völlig entsagt.

Wie könnten die Auswirkungen solch spiritueller Schulung nun sein?

Reinkarnation - Wiedergeburt

Allein bei diesem Thema tun sich Welten auf. Und das im wahrsten Sinne, denn es tun sich vergangene Welten auf, die wir einst bevölkerten während unserer früheren Leben. Wir würden erfahren, welche Auswirkungen so genannte Ur-Erlebnisse auf jede weitere Inkarnation haben. Wir würden unser jetziges Leben nicht als begrenzt erfahren, sondern als eine Stufe in einer Entwicklung, die zahlreiche Wiedergeburten beinhaltet. Geburt und Tod würden als Übergang gesehen werden und nicht als Beginn oder Ende aller Dinge. Das Leben als solches ist im ständigen Fluss von Kommen-Werden-Gehen / Wiederkommen. Wir kennen das zum Beispiel, wenn wir wiederholt den Urlaubsort mehrere Male aufsuchen und jedes Mal erleben wir den Ort als bevölkert, auch wenn zwischenzeitlich viele Menschen gestorben sind und viele weitere wiedergeboren wurden. Doch das nehmen wir nicht wahr, weil wir nur das gesamte Szenario erblicken und erleben. Ebenso verhält es sich mit einer Sommerwiese, die uns jedes Jahr aufs Neue beglückt und doch sind es nicht dieselben Grashalme, wie im letzten Jahr – doch wir nehmen das nicht wahr. Und nun versuchen wir die Erde mit all seinen Bewohnern zu betrachten, aus dem All, dann wäre es das gleiche – nichts verändert sich, alles ist wie im letzten Jahr auch. Nur weil wir die Einzelheiten des Kommens, Werdens und Gehens nicht wahrnehmen.

Sicher darf man bei dem Thema Wiedergeburt nicht vergessen, wie wir Menschen untereinander umgehen und auch unser Verhalten zu den Mit-Lebewesen. Aus dem Buddhismus wissen wir, dass in jedem Tier eine Seele, die vorher in einem Menschen war, wiedergeboren sein könnte und daher achten die Buddhisten jedes Lebewesen, wozu auch die Pflanzen gehören.

Wiedergeburt ist also ein Thema, wenn es denn in den Schulen gelehrt werden würde, zu nachhaltigen Veränderungen führen würde. Im Umgang mit allen Lebewesen, der eigenen Lebensweise, dem Umgang mit Tod und Geburt, um nur einiges zu nennen.

Körper, Geist und Seele

Unseren physischen Körper kennen wir, wenn auch nur teilweise (heute wird ja immer noch an der Funktionsweise des Gehirns geforscht). Wir kennen seine Zusammensetzung, seine Funktionen und Bedürfnisse. Was jedoch die wenigsten kennen sind die weiteren Körper wie Astral- oder Mentalkörper, Kausalkörper, etc. All die Körper, die unser ungeschultes Auge und mangelndes Wissen nicht erfassen können. Auswirkungen sind uns zwar bekannt, so zum Beispiel, wenn uns jemand zu dicht auf die Pelle rückt ohne uns zu berühren und wir es dennoch spüren. Es gibt auch die Aura-Fotographie, mittels derer wir unsere verschiedenen Körper außerhalb des physischen Körpers sichtbar machen können. Wobei außerhalb nicht ganz zutreffend ist, da sich alle Körper gegenseitig durchdringen und miteinander verwoben sind.

Der Geist wird als Teil des Körpers gesehen, was jedoch so nicht stimmt, denn er entstammt der Urquelle, die wiederum unseren Körper hervorgebracht hat. Also der Geist bedient sich des Körpers, ist aber nicht Teil von ihm, da er ihn jederzeit verlassen kann. Während der Schlafphasen oder bei einer Nahtoderfahrung sind uns diese Exkurse des Geistes bestens vertraut. Heute wird dies nicht mehr so vehement angezweifelt, wie etwa noch vor 50 oder 100 Jahren. Unsere Wahrnehmung beruht auf zwei Ausgangspositionen, um es mal so zu nennen, zum einen unsere bewusste, Körper eigene Wahrnehmung (von Innen) und die Geistwahrnehmung (von Außen). Denn wenn sich Menschen während einer Geistwahrnehmung sehen, dann immer in einiger Entfernung zu ihrem Körper, sie sehen sich liegend, sitzend oder wie auch immer, doch jedes Mal eben aus einer gewissen Entfernung von einigen Metern bis hin zu mehreren 100 Metern.

Und als Drittes gesellt sich die Seele dazu. Körper – Geist und Seele. Sie ist unser Motor, unsere Energiequelle, ohne die wir nicht leben könnten. Sie belebt unseren Körper und sorgt dafür, dass unser Herz rhythmisch und beständig schlägt, bis wir diesen Körper nicht mehr brauchen oder gebrauchen können. Kein Mediziner dieser Welt vermag es einem toten Körper wieder Leben einzuhauchen – egal ob durch Elektroschocks oder sonstige Maßnahmen – es ist immer die Quelle selbst, die die Seele wieder in diesen Körper schickt, weil die irdische Aufgabe vielleicht noch nicht erfüllt wurde und es von Bedeutung ist, dass dieser Mensch in seiner jetzigen Inkarnation weiterlebt. Wie sonst lässt sich erklären, warum manche Menschen "gerettet" werden und andere, die die gleichen "Widerbelebungsmaßnahmen" erhalten, nicht. Der behandelnde Mediziner, Notarzt, Passant oder auch "Lebensretter" fungiert dabei als Hilfsmittel – als Diener!

Geist und Seele sind sehr eng miteinander verbunden und gehen in den neuen Körper gleichsam wieder ein. So hat der wiedergeborene Mensch alles Wissen, alles Erfahrene aus früheren Leben im Geiste gespeichert und es steht ihm mit jeder Inkarnation erneut zur Verfügung, so er denn den Zugang dazu findet, erlernt – es ihm gelehrt wird!

Karma

Das Karmagesetz ist ein universales Gesetz. Karma bedeutet Handlung und jede Handlung zieht unweigerlich eine Reaktion nach sich, die nach dem weiteren Resonanzgesetz auch wieder auf den Verursacher zurückfällt. So wie der Geist, so ist auch das Karma eines jeden nicht nur auf ein Leben begrenzt, sondern kann sich durch mehrere Leben hindurch ziehen, bis es aufgelöst wird oder durch Gnade umgewandelt wird. Unser Karma aus früheren Jahren und Leben bestimmt unsere jetzige Lebenssituation und Lebensqualität. Alles, was uns widerfährt entstammt unserer eigenen Verantwortung, ob nun bewusst oder unbewusst — das spielt für die Auswirkung der universellen Gesetze keine Rolle. So wie Unwissenheit nicht vor Strafe schützt, so wenig schützt sie uns bei den karmischen Auswirkungen. In diesem Sinne würden die Kinder in den Schulen lernen ein wirklich eigenständiges und vor allem eigenverantwortliches Leben zu führen. Ob sie sich danach richten ist eine andere Sache, zumindest wären sie fortan nicht mehr unwissend und es gäbe zudem keine Schuldzuweisungen mehr, da ja jedem klar wäre, es obliegt seiner eigenen Verantwortung, seinem eigenen Karma, was ihm widerfährt.

Womöglich hätte dies auch Bahnbrechende Veränderungen in der Gerichtsbarkeit zur Folge, da dann Täter nicht mehr als reine Täter gesehen werden würden, sondern als Folge karmischer Ursachen, für die oft auch eine kollektive Ursache zu finden wäre. Ich erinnere an die Kraft der Gedanken, an die Energie eines jeden einzelnen Gedanken, die sich manifestieren will. Denken zahlreiche Menschen einen bestimmten Gedanken, so wird sich dieser auch manifestieren und dies kann eben auch in Form einer negativen Handlung geschehen, die dann ein "Täter" ausführt, der eigentlich ein "Opfer" ist, da er geistig zu schwach war, um sich gegen diese sich manifestieren wollende Energie zu schützen. Der "Mob" würde es sich wahrscheinlich zweimal überlegen, bevor er los schreit: Hängt ihn auf! – Erschießt ihn! – Sperrt sie weg!

Allein schon das Verhalten der Lehrer gegenüber ihren Schülern würde sich schlagartig ändern, da sie ja dann am besten über die karmischen Auswirkungen ihrer Handlungsweisen Bescheid wissen. Wer dennoch zuwider handelt, der wird wohl sehr schnell seines Amtes enthoben – nicht von den Schülern, nicht von den Eltern oder dem Direktor – sondern durch sich selbst! Ursache und Wirkung gepaart mit dem Resonanzgesetz hätte dies zur Folge.

Lebenssinn, Lebensaufgabe, Lebensziel

Was unseren Kindern in der Schule beigebracht wird ist gelinde ausgedrückt nichts weiter als materialistisch orientierter Müll, Lügen und eine Manipulation an vorderster Front. Abgesehen von Lesen, Schreiben und Rechnen bedürfen so gut wie alle anderen Fächer einer neuen Strukturierung im Sinne einer Symbiose von Wissenschaft und Spiritualität. Solange das Gelehrte darin besteht Fakten auswendig zu lernen, ohne die Gewähr es später überhaupt anwenden zu können, denn was nützt es einem Handwerkslehrling zu wissen, wann welcher König mit welcher Prinzessin zu welcher Zeit … oder wann welche kriegerischen Auseinandersetzungen stattgefunden haben … ob das Land in Südamerika nun Peru oder Chile genannt wird …

wie viel ein Koalabär am Tag frisst und welchen Körperaufbau eine südafrikanische Stechmücke aufzuweisen hat ... kurz um, unsere Kinder werden mit zu viel toten Fakten zugemüllt und das nennen die Verantwortlichen dann eine Schulbildung. Bravo! Hat uns nicht PISA gezeigt, wie's um die Bildung aussieht. Was wurde oder wird denn da nun eigentlich in unseren Schulen gebildet oder werden unsere Kinder doch eher verbildet (verblendet und verblödet)?

In der Schule erfahren unsere Kinder NICHTS über den Sinn des Lebens, über eine selbst gewählte Lebensaufgabe und schon gar nichts über ein Lebensziel.

Würde unseren Kindern ein freies Lernen durch direkte Erfahrungen ermöglicht und ihnen parallel dazu noch gelehrt werden, wie sie an ihre selbst gewählte Lebensaufgabe kommen, für die sie sich schon vor der Inkarnation entschieden haben, so könnten die Bereiche Wettbewerb, Konkurrenz, Ellenbogengesellschaft, Ausbeutung, Unterdrückung etc., ad acta gelegt werden, sie wären schlichtweg bedeutungslos, weil sie nicht zum Lebensziel führen würden und auch nicht der Lebensaufgabe entsprechen würden.

Stattdessen wird immer noch der rein materielle Weg gelehrt und gefördert auf Kosten der Mit-Menschlichkeit, der Umwelt und somit der ganzen heutigen Welt, nicht außer Acht gelassen – auf

Kosten einer überlebenswichtigen spirituellen Entwicklung.

Mit dem Schulen von Spirituellem Wissen bekämen unsere Kinder das, wonach sie suchen, wonach es ihnen dürstet:

- die Aussicht auf ein wahrhaft abenteuerliches Leben, bei der Entdeckung dessen wer und was sie sind.

- unsere Kinder kämen in den überragenden Genuss, sich als Teil eines kollektiven Bewusstseins zu erfahren und eben auch als ein wichtiges Teil im großen Ganzen, das durch niemanden ersetzt werden kann. D.h. dass jedes einzelne Kind von Bedeutung ist in seiner Einzigartigkeit und seinem Beitrag zum Kollektiv – zur Menschheit.

- so hätte jedes Kind die Gewissheit wirklich wertvoll zu sein, von Bedeutung für sich selbst und der ganzen Menschheit, es würde ein wahrhaftiges Selbstbewusstsein aufbauen, welches es ihm ohne weiteres ermöglicht, sich konstruktiv in die Gesellschaft einzubringen, ohne dabei in einen Verdrängungswettbewerb eintreten zu müssen, da ohnehin niemand anderem außer eben diesem bestimmten Kinde diese Aufgabe zugedacht wurde.

Kinder/Schüler, die sich zusammenfinden zu einem Miteinander statt sich in einem Gegeneinander selbst zu isolieren wären von zukunftsträchtiger Tragkraft gesegnet.

Deutschland sucht dann keine Superstars mehr – Castingshows wären so unbedeutend und störend wie Zahnschmerzen – und faule Zähne werden gezogen!

Sicher dienen uns heute solche "faulen Zähne" als Negativbeispiel, doch mit dem Lehren spirituellen Wissens von klein auf könnte eine spirituell orientierte Gesellschaft darauf getrost verzichten. Nicht auszudenken was das für Kettenreaktionen auslösen würde – Magersucht, Gier, Verblendung, Wertlosigkeit, sinnlose Zerstörungswut, Orientierungslosigkeit, Alkohol- und Drogenmissbrauch, sowie manch anderes hätten endlich ein Ende gefunden!

Sicher fußt der vorliegende Text nicht auf akademisch spirituelle Wissenschaft, doch vermag er es hoffentlich als Stein des Anstoßes zu wirken, der so manches hervorbringen wird. Was, das werden wir und mehr noch unsere Kinder in der Zukunft erleben.

der Traveller
July 2004

Standortbestimmung

Wenn wir uns fragen, "Wo stehe ich eigentlich?", dann können wir im Wesentlichen nur die Standortbestimmung abgeben, deren Faktoren uns bekannt sind.

Hier auf der Erde, einem Ort der Dualität, bestehen sowohl das Materielle wie auch das Spirituelle, wobei Materie ja eigentlich erst aus spiritueller Energie entstanden ist. Sich also auf der Erde befindend und nur eine Seite wirklich erleben (meist die materielle), bedingt schon die Fehlerhaftigkeit der eigenen Standortbestimmung. Unter rein materieller Betrachtungsweise bekommen wir einen Standort, der von Dingen wie berufl. Stand, Familie, angehäuftes Vermögen und auch Gesundheitszustand gekennzeichnet ist.

In einer Leistungsgesellschaft, die nur glaubt was sie sieht, fällt diese Standortbestimmung für die meisten "mager" aus. Denn es sind die wenigsten, die gemessen an der Bevölkerungszahl, einen "guten" Standort erreicht haben. Bei all den anderen macht sich die Vorstellung breit, man habe versagt oder es nicht geschafft. Hin und wieder wird zwar der Versuch unternommen sich denen, die es angeblich geschafft haben, anzunähern, doch werden solch Versuche oft schon im Keim erstickt, da die da "oben" nicht wollen, dass es zu viele von ihnen gibt. Und so entsteht ein Kampf um einen Standort, der im Spirituellen wenig Wert hat. Egal wie viel Vermögen wir anhäufen, welch hohe Position wir berufl. erreichen, mit unserem Tod ist alles weg und vorbei. Es bleiben Gebäude stehen und Wertsachen, die aber nur materiellen und keinen spirituellen Wert haben. Dann kommen die nächsten und bewohnen die Gebäude und erfreuen sich an den Wertsachen. Alles wofür sich der Vorgänger angestrengt hat ist somit für ihn selbst nutzlos geworden, da es jetzt andere benutzen.

Nun gibt es aber auch die spirituelle Standortbestimmung, und diese fragt nicht nach Besitz oder berufl. Stellung, sondern sie fragt nach der eigenen spirituellen Entwicklung. Sie fragt nach Erfolgen, die nicht vergänglich sind. Sie fragt nach Herz- und Geistesbildung, die nicht einfach erkauft, geschweige denn verkauft werden kann. Sie fragt nach Dingen, die allen von großem Nutzen sind, jedoch kaum Beachtung bekommen, weil sich damit kein Geld verdienen lässt, sich keine Kriege führen lassen, kein Machtmissbrauch betrieben werden kann. Über die Materie können wir zur Spiritualität gelangen, allerdings nicht, wenn das Materielle dazu missbraucht wird, um die Erde zu zerstören, effizientere Vernichtungsmaschinerien zu entwickeln, Raubbau zu betreiben und Menschen zu unterwerfen. Spirituelle Materie kann uns die Naturgesetze nahebringen, indem wir sie einfach beobachten und daraus lernen. Sie lehrt uns, was und wofür etwas sinnvoll eingesetzt werden kann. So heißt es ja auch, wer sein Haus auf Sand baut wird es verlieren. Oder man stelle sich an der Küste ein Haus aus Stroh vor, welches schon beim ersten Wind davongetragen wird.

Eine wirkliche Standortbestimmung kann nur unter beiden Aspekten stattfinden. Die Spirituelle zeigt uns, wo wir als "Mensch" stehen, wie weit wir unser Herz für die Liebe geöffnet haben und unseren Geist geschult. Die Materielle hingegen zeigt uns nur, was wir im Außen angehäuft haben und zu halten trachten. Erst aus spiritueller Sichtweise können wir auch erkennen, dass eine materielle Standortbestimmung nichts wert ist, weil alles verloren geht. Aber unsere spirituelle Hinterlassenschaft wird ewig bestehen, da sie Teil der ewigen Wahrheit ist und immer sein wird.

Es lohnt sich also einmal mehr seinen Standort nicht nur materiell, sondern auch spirituell zu hinterfragen, ihn im Lichte der Wahrheit zu erkunden, um wirkliche Erfolge zu verzeichnen.

der Traveller
November 2004

* * *

Sind wir nicht alle medial?

Wir sprechen von medial begabten Menschen. Es sind Menschen, denen wir uns auch aufgrund ihrer medialen Fähigkeiten anvertrauen. Es sind zum Beispiel Wahrsager, Hellseher, Medien für Channelings, etc. oder auch im Heilwesen wie Reiki, wo ja der Reiki Meister-In als Medium dient, um die Heilbringende Energie auf den Heilsuchenden zu übertragen.

Von den Missbräuchen, Scharlatanen, Verblendern, etc. möchte ich hier nicht reden, da diese für das gewählte Thema wenig relevant sind.

Viel interessanter ist die Frage, wie medial sind wir selbst? Welche Fähigkeiten stecken in uns selbst?

Um dies zu beantworten brauchen wir nur mehr Aufmerksamkeit unserem So-Sein entgegenbringen. Das heißt, sich selbst beobachten und vor allem in Verbindung mit anderen, also in Begegnungen. Hierbei kommt es nicht darauf an, wie wir gestikulieren, sondern vielmehr darauf, was wir dem anderen zu sagen haben oder anders gesagt, was dem anderen mitgeteilt werden soll. Denn das ist der bemerkenswerte Unterschied, haben WIR etwas zu sagen, oder "überbringen" wir die Botschaft/Information aus der geistigen Welt?

Um soweit überhaupt denken und sich auch selbst beobachten zu können, ist das Wissen um die geistige Welt eine Voraussetzung, ebenso die

Überzeugung, dass jeder Mensch ein mediales Wesen ist. Ein mediales Wesen zu sein bedeutet also auch ein Diener zu sein, denn wir dienen einem höheren Zweck, einer höheren Macht. Das menschliche Medium dient als Überbringer von Botschaften und Informationen oder als Sprachrohr von Seelen, die ihren irdischen Körper längst abgelegt haben. Eine Vielzahl von nicht nur heiligen Menschen hat uns dies bezeugt. Leider wird solch eine Botschaft aus dem geistigen Reich oder von Gott selbst auch immer wieder für unwahr gehalten, und dies obwohl sich viele danach sehnen, solche Botschaften zu erhalten. Das ist ja das Verrückte dabei, dass wir selbst zwar medial sein wollen, es aber anderen mitunter absprechen und gar nicht mehr so sehr auf die eigentliche Botschaft hören, sondern nur noch den Scharlatan, den Blender sehen. Unser eigenes fehlerhaftes (es fehlt etwas!) Weltbild oder sollte man sagen Welt-All-Bild trägt dazu bei, unsere eigenen medialen Fähigkeiten nicht zuzulassen und zu entwickeln. Indem wir sie anderen absprechen, können wir sie uns selbst nicht wahrhaft gewähren. Entweder wir glauben daran oder nicht. Glaube und Nicht-Glaube können nicht gleichzeitig existieren. Was jedoch nicht heißt, dass das eine vom anderen nicht unterschieden werden kann.

Betrachten wir nun Begegnungen unter dem Zeichen des Geführt-Werdens, so müssen wir uns auch als Diener, als Übermittler verstehen. In einem Gespräch geben wir Informationen oder Botschaften an den anderen weiter, in wie weit er diese nun als solche erkennt, obliegt jedem selbst. Je Grad der Bewusstseinsentwicklung werden wir jedoch mehr und mehr auf diese Botschaften achten, auf das Gesagte und es in unser Leben integrieren, so es uns dienlich ist. Dies können entscheidende Hinweise auf eine veränderte Handlungsweise sein, ein Hinweis der zur Lösung einer bestimmten Aufgabe beiträgt, oder der uns in eine bestimmte Richtung bringen will. Wie dem auch sei, es ist wohl nie der Mensch allein, der dies hervorruft, sondern immer auch die geistige Führung, die sich unserer Medialität bedienen. Doch nicht nur die geistige Führung vermag es diese Medialität zum Wohle des einzelnen und auch aller anderen zu nutzen, sondern auch jene Energien, die eher destruktiven Charakter aufweisen. Ich spreche hier von der Kunst der Verführung, der Anstiftung zu unrechtem Handeln. Auch hier nutzen diese Energien unsere medialen Fähigkeiten, auch wenn wir uns dessen nicht bewusst sind.

Mediale Fähigkeit oder Begabung ist also kein Privileg weniger, sondern entspricht unserer wahren Natur, von der wir uns jedoch soweit entfernt haben, dass wir uns ihrer nicht mehr oder kaum noch gewahr sind.

Allein schon mancher Gedankengang ruft die Frage auf, woher stammen diese eigentlich überhaupt? Kann mein Gehirn, mein Verstand diese

Gedanken erzeugen oder kreieren? Es ist nur der Geist, der dies vermag. Und da der Geist als solches grenzenlos ist, ist er auch mit allem und jedem verbunden. Ergo kann auch davon ausgegangen werden, dass jeder von uns medial veranlagt ist, da wir aus Körper – Geist und Seele bestehen.

der Traveller
November 2004

* * *

Spirituelle Evolution und unser Denken

Wir müssen über das bisherige Denken hinausgehen ... vom Deutschen zum Europäer und weiter zum Terraner...

Solange wir versuchen aktuelle Probleme/Missstände mit alten Denkweisen zu lösen, werden wir, wenn überhaupt, stets nur einen kurzfristigen Erfolg verzeichnen können.

Die uns bekannte Welt, wie auch das ganze Universum, befinden sich in einer stetigen Evolution. Da wir als Menschen Teil dieser Welt sind und damit auch Teil des Universums können wir uns dem nicht entziehen. Ob es uns nun bewusst ist oder nicht, ob wir aktiv evolutionieren oder passiv evolutioniert werden, sprich ob wir uns selbst transformieren oder nicht, spielt für die Evolution als solches keine Rolle, als dass sie stetig voranschreitet, ohne uns vorher zu fragen, ob es uns denn recht wäre. Eigentlich ist es so, dass die spirituelle Evolution einer sich ständig erweiternden Spirale gleicht, wobei das bisherige in das Neue transzendiert wird.

Jede Stufe beinhaltet also immer alles vorher Dagewesene und baut darauf auf, indem es sie in die nächste Stufe integriert, als notwendigen Baustein sozusagen.

Bezogen auf unser Denken bedeutet es, dass wir die an uns gestellten Aufgaben und Herausforderungen meist mit den althergebrachten Denkmustern angehen und dabei auch irgendwann zu einer Lösung kommen, die in der Regel jedoch keine echte Lösung ist, da wir uns zu späterer Zeit dem gleichen Problem unter anderen Umständen und mit anderen Mitteln erneut gegenübergestellt sehen. Die Lösung war also keine Lösung im eigentlichen Sinne, sondern nur ein kurzfristiges Unterdrücken.

Wir sehen es am deutlichsten bei dem Militär. Was macht das Militär? Es entwickelt immer neuere Strategien und treibt die Entwicklung immer wirkungsvollerer Waffensysteme voran, weitet sogar die Schlachtfelder aus bis in den Weltraum und schafft es dennoch nicht für Frieden zu sorgen. Zwar kann ein militärisch überlegenes Land einem unterlegenen Land den Frieden mit Waffengewalt aufzwingen, nur, dass es eben kein Frieden ist, sondern ein Schweigen der Waffen, bis die Unterdrückten sich stark genug fühlen, um wieder zur Waffe zu greifen und erneut einen Kampf in Gang setzen, der eigentlich von keinem zu gewinnen ist. Dennoch arbeiten beide Seiten immer nur an der Effizienz ihrer Waffen und Strategien, nicht aber an der Erreichung eines dauerhaften Friedens.

Würde hier nun ein neues Denken einsetzen, so wäre auch eine echte Lösung erzielbar. Das heißt, es kann dauerhafter Frieden erreicht werden, wenn die alten Denkmuster ersetzt werden durch neue. Etwa wenn es nicht mehr darum geht den Gegner zu besiegen oder ihn völlig zu vernichten, sondern stattdessen ihn kennen zu lernen und verstehen zu wollen. Da aber das Militär seine Soldaten von Anfang an auf ein bestimmtes Feindbild konditioniert, ist es schwer diese Konditionierung zu durchbrechen. Kommt dann noch eine organisierte Religion hinzu, die ihre Anhängerschaft durch Machtmissbrauch zu willenlosen Dienern macht, die jeden noch so fragwürdigen Befehl ausführen, dann kämpft man erst einmal gegen eine gewaltige Mauer. Doch auch diese lässt sich mit einem neuen Denken einreißen.

Es geht nicht darum eine optimale Kanone zu entwickeln, der keine Mauer standhält, sondern ein Denkmuster zu kreieren, welches die Kraft in sich trägt die geistige Mauer zu durchbrechen. Dieses neue Denken würde in seinem Bestreben sich zu manifestieren und sich auszubreiten mit schier endloser Geduld darauf warten, bis es sich endlich entfalten kann. Je mehr dann sich diesem neuen Denken anschließen und ihm damit Energie geben, desto wahrscheinlicher ist es auch, dass es denn alsbald seine Wirkung im Materiellen zeigt. Es war schon immer so und wird auch so bleiben, nur, dass es mit jeder weiteren Entwicklungsstufe in der Evolution an Tempo gewinnt, da auch das Denken aus seinen Kinderschuhen herausgewachsen ist und in immer komplexeren Zusammenhängen agiert.

Wir Menschen leben nunmehr in einem Zeitalter, wo es nicht mehr um unser nahes Umfeld geht, sondern um die ganze Welt in der wir leben. Aufgrund der zahlreichen Informationen, die wir binnen Minuten oder gar Sekunden nachdem etwas geschehen ist aus aller Welt erhalten, sind wir aufgefordert über unsere Stadt- und Staatsgrenzen hinaus zu denken. Mehr noch, wir müssen lernen überkontinental zu denken.

Der Mensch darf sich dabei nicht mehr selbst von anderen trennen, indem er sagt er sei Deutscher, Engländer, Spanier, Marokkaner, Ägypter, Europäer, Afrikaner oder Asiat, etc., und gleiches gilt auch für die zahlreichen Religionsrichtungen. Beides, die Staatszugehörigkeit durch Wohnsitz und dem Glaubensbekenntnis unterliegen immer einem möglichen Wandel durch Wechsel des Wohnsitzes oder dem Glaubensbekenntnis, dem Konvertieren wie es so schön heißt. Was aber eindeutig bleibt, solange der Mensch auf dem Planeten Erde verweilt, ist, dass er ein Erdbewohner, ein Terraner ist. Der Mensch wird also nicht umhinkommen sich als Terraner zu betrachten, wie es auch die über sechs Milliarden anderen Menschen sind. Das globale Wir ist es, Terraner zu sein, so wie es afrikanische und indische Elefanten gibt, so gibt es eben auch europäische, afrikanische, asiatische, australische und amerikanische Terraner – aber es sind alles Terraner mit den selben Wünschen und Bedürfnissen nach Frieden, Harmonie und einem freudvollen Leben.

Ich meine einerseits fahren die Menschen in ferne Länder, begegnen anderen Religionsformen und anderen Kulturen, genießen deren kulinarische Eigenheiten und bringen sogar deren heimische Tierwelt ins eigene Aquarium und Käfigen. Und andererseits bestehen die Menschen auf der Trennung zwischen In- und Ausländer, zwischen Christ und Moslem, zwischen dunkel- und hellhäutig. Bei den Vögeln und Fischen erleben wir schon lange, dass sie aus aller Welt importiert werden, je bunter und mannigfaltiger desto besser. Bei den Menschen allerdings sieht es schon anders aus. Zwar mag man sie in ihrem Land besuchen, aber dort sollen sie auch gefälligst bleiben. Und dennoch, wer kann sich heute noch der globalen Vernetzung widersetzen? Ist es heute noch möglich, wirklich nur einheimische Produkte zu kaufen? Es ist möglich, bedarf jedoch eines immer größer werdenden Aufwandes.

Da meckert der eine vielleicht über den Orientalen und trägt eine Jeans, die dort billig produziert wurde. Oder er fährt ein Auto, was in Deutschland entwickelt und im Ausland gebaut wurde. Sieht sich TV-Sendungen an, die synchronisiert wurden, aber auch im Ausland produziert wurden. Telefoniert mit Handys, deren Bestandteile aus aller Welt stammen. Also wo sind da eigentlich noch Grenzen zu ziehen?

Wenn es nun im Gebrauchsgüterbereich keine wirklichen Grenzen mehr gibt, wie kann es da noch Grenzen bei den Menschen geben, die diese herstellen und benutzen? Es gibt sie nicht mehr, zwar gibt es jene, die sich manches leisten können und anderes nicht, aber dennoch hätten alle die Möglichkeit. Was in einem großen Konzern normal ist, nämlich der multikulturelle Mitarbeiterstab, muss nun auch auf die Erde übertragen werden.

Wir Menschen sind die Nutznießer der irdischen Ressourcen und dessen was die Natur uns als Nahrung zur Verfügung stellt. Ergo bedienen sich alle dieser Ressourcen und Früchte. Nur die geistig-kulturelle und religiöse Trennung ist der Grund, warum nicht jeder im gleichen Maße von den Früchten zehren kann, die ja eigentlich für alle bestimmt sind.

Hier muss das Denken dahingehen, sich nicht mehr als Angehöriger eines Staates oder einer Religion zu sehen, sondern sich als Terraner zu betrachten. Sich selbst sehen geschieht aus der Ich-Perspektive und sich betrachten aus der höheren Stufe, der Wir-Perspektive.

Denn ein Tornado fragt nicht danach, ob er über diverse Staaten fegen darf, ihm ist es egal ob sich ihm Häuser in Frankreich, Holland oder Deutschland in den Weg stellen, er fegt sie einfach hinweg. Der Wind fragte 1986 auch nicht, ob er die Tschernobyl-Wolke über Deutschlands Grenzen hinweg tragen darf.

Wenn sich heute irgendwo auf der Erde eine Naturkatastrophe ereignet, so sind es nicht mehr "nur" die Einheimischen, die betroffen sind. Bei genauem Hinhören stellen wir fest, dass die Zahlen Nicht-Einheimischer immer größer werden. Und nehmen wir mal nur Europa mit seinem Wandel im Bereich der Arbeitsplätze. Deutsche gehen nach Spanien, Griechenland, England, etc. und Spanier kommen nach Österreich, Italiener zieht es nach Schweden und die Norweger nach Portugal. Ein interkontinentales Kommen und Gehen, wo es eigentlich eher unsinnig ist da noch von Spanier, Engländer oder Deutschem zu reden – es sind Europäer, die sich innerhalb Europas zu Hause fühlen und sich auch dort bewegen.

Das darf nun bitte auch auf die gesamte Erde übertragen werden. Flugzeuge und Schiffe ermöglichen es, dass Millionen Menschen, "Terraner", ständig unterwegs sind.

Da wir Terraner uns nun überall und zu jederzeit bewegen können, wollen wir auch, dass, egal wo wir uns gerade befinden, wir dort gleiche oder zumindest ähnliche Versorgungsbedingungen in Punkto Nahrung, Unterkunft und Medizin vorfinden. Damit dem so ist, müssen wir auch als Terraner denken lernen, d.h. alles was ich als einzelner tue und was ich konsumiere oder auch nur benutze, sollte einer Prüfung dahingehend unterzogen werden, in wieweit es anderen schaden könnte und in anderen Regionen dieser Welt für ein Ungleichgewicht sorgt.

So kann es zum Beispiel nicht okay sein, dass gerade mal 10% der Weltbevölkerung über 85% des Weltvermögens verfügen, oder das zwei Drittel der Weltbevölkerung keinen Zugang zu sauberem Trinkwasser hat. Als Terraner kann ich das nicht akzeptieren und stillschweigend hinnehmen. Da ich nicht weiß wann ich einmal in einer anderen Region dieses Planeten leben werde und ich dennoch dort ähnliche Versorgungsbedingungen vorfinden möchte, muss ich schon vorher dafür Sorge tragen, dass diese Bedingungen gegeben sind. Weiterhin sind die örtlichen wie auch die globalen Auswirkungen unseres Tuns nicht mehr auf nachfolgende Generationen zu beziehen, sondern sie betreffen uns selbst und das in einem immer kürzeren Zeitraum von Ursache und Wirkung. Daher ist es schon längst überfällig den Gedanken von der Identität eines Terraners aufzugreifen, ihn zu verinnerlichen und dann auch zu leben und ihn als notwendigen Weg in der spirituellen Evolution anzuerkennen.

Möge dies als Anstoß dienen, ein Umdenken einzuleiten und weiterzudenken und in Folge auch zu handeln.

der Traveller
September 2006

**

Wenn du das Gefühl hast, anders zu sein

Anders sein, dieses seltsame Gefühl oder Empfinden, dass man irgendwie nicht dazu gehören würde, so als ob man in der falschen Mannschaft spiele und sich fremd vorkommt. Begleitet wird es oft mit den Gedanken, dass selbst wenn man sich den anderen erklären wollte, sie es dennoch nicht verstehen würden. Sicher gäbe es den einen oder anderen, der sich Mühe geben würde einen zu verstehen, doch wie sollte man dem anderen all seinen eigenen Gedankenwust jemals verständlich machen wollen. Selbst in dem Moment, wo man daran denkt, schießen immer nur zahlreiche Gedanken wie Blitze durch den Kopf. Für einen selbst mögen sie zwar noch relativ erkennbar und überschaubar sein, aber mit all ihren Verstrickungen und Querverbindungen erscheinen sie einem derart unerklärlich, dass man es eigentlich kaum noch wirklich versucht. Mir scheint es einfach der angenehmere Weg, denn zu einem späteren Zeitpunkt ereignet sich dann mit Sicherheit etwas, wo man sich dann doch mit seinen Gedanken gut aufgehoben fühlt. Faszinierend finde ich dann immer wieder die verschiedenen Bereiche, wo man dann "gut aufgehoben" ist.

Spätestens wenn sich das "gut aufgehoben Gefühl" einstellt, drängt sich einem auch der Gedanke einer geistigen Führung auf, sofern man sich dessen noch nicht so bewusst sein sollte, respektive es zur Bewusstheit gehört. Ich meine, wie sonst wäre es möglich, dass wir uns mit einem bestimmten Thema beschäftigen und mehr oder weniger erst einmal allein damit klarkommen wollen oder müssen, je nachdem, und sich dann etwas ereignet wo wir genau diesem Thema begegnen und uns dann im Erkennen dessen, dass da jemand ist, der genau das kennt und weiß, was uns gerade beschäftigt, so richtig schön aufgehen und uns "gut aufgehoben" fühlen. Erleichterung, unsagbare Erleichterung breitet sich aus und durchströmt einen in einer wohlgefälligen Welle der Freude, der Lebensfreude. Denn in solch Momenten ist uns ganz klar, dass wir nicht verrückt sind oder irgendwie durchgeknallt, nein, es ist vielmehr das wohltuende Empfinden, doch auf dem rechten Weg zu sein, dem der Befreiung. Ja, wir fühlen uns einfach freier, wenn wir feststellen, dass unsere Gedanken und all die Verstrickungen und Querverbindungen letztlich nichts Anderes waren, als die eines Gefesselten und Geknebelten, der sich windet und windet, um die ihn umgebenden Fesseln zu lösen. Da muss also etwas in uns sein, was sich befreien will und nur wir selbst haben uns dem leider nicht selten schon frühzeitig in den Weg gestellt.

Unsere Eltern, das zu Hause, das Milieu, etc. all dies hat uns von klein auf erst einmal geprägt und je nachdem, wann wir begannen ein bewusstes Leben zu führen, respektive überhaupt mehr Bewusstheit allem gegenüber aufzubringen, gestaltet sich dann auch die "Befreiung" aus der Umklammerung der Verblendung. Alles was unsere gierigen Sinne aufnehmen, vor allem was wir sehen und hören bildet eine Art Schleier, der uns nicht nur umgibt, sondern uns auch von unserem inneren Erleben fernhält. Die Sinne sind wie ein Staubsauger, dessen Ausschalter defekt ist und der nur noch saugt und saugt, bis er uns selbst aufsaugt und wir uns völlig verloren fühlen in all diesen Eindrücken aus Bildern und Worten.

Zwangsläufig muss man sich dann irgendwann anders fühlen, ich meine, man sieht sich der Bilderfluten und den Wortwallungen ausgesetzt und kann es dennoch irgendwie nicht stoppen. Wer möchte schon den halben Tag die Augen verschlossen halten oder sich die Ohren zuhalten? Da bleibt eigentlich nur der Rückzug zu einem Ruhepunkt, dort wo wir mal etwas abschalten können, nämlich die Bilderflut abschalten und sich stattdessen den inneren Bildern widmen. Einfach mal hinlegen, die Augen schließen und alles störende aus dem Denken entfernen, es wie kleine Wolken wegschicken, um etwas Klarheit am eigenen Himmel zu erlangen.

Verrückter Weise denkt man ja dann oft, dass es anderen besserginge. Man beobachtet sie, wie sie so ihren täglichen Dingen nachgehen und denkt sich, dass sie sich wahrscheinlich kaum Gedanken machen, jedenfalls nicht so intensiv wie man selbst. Und doch scheint es mir, dass es recht vielen so geht, dass sie während ihres Tuns von "wilden ungezügelten Gedankengängen" besetzt sind. Ergo sind wir ja dann gar nicht so anders, wie wir vielleicht meinen, es zu sein. Trotz dem Wirrwarr in unserem Köpfen, scheint es doch etwas "normales" zu sein, denn was im Allgemeinen als Leben erlebt wird, ist nicht selten eher weit davon entfernt ein lebendiges Leben zu sein. Funktionieren steht oft an erster Stelle, nicht das eigene lebendige Leben, sondern das gesellschaftliche Funktionieren. Was ja eigentlich eine Art der Sklaverei ist, eine scheinbar freiwillige, aber dennoch eine Sklaverei. Oder wie Nietzsche sagte:

"Wer von seinem Tag nicht zwei Drittel für sich selbst hat, ist ein Sklave."

Immer wenn ein Mensch nicht das sein kann, was er sein möchte und auch wirklich ist, muss er sich zwangsläufig in seiner Entfaltung behindert (er wird daran gehindert!) und eingeschränkt (Schranken!) fühlen. Ergo ist es nicht weiter verwunderlich, sich im Akt der Befreiung als anders zu erleben.

Das wird alles aufhören, wenn wir in einer Gesellschaft leben dürfen, die dem Menschen nicht nur von Geburt an das Recht auf freie Entfaltung seines Selbst gewährt, sondern ihn auch in jeder Altersstufe dabei zur Seite steht, um seine Entfaltung, seine Entwicklung zu fördern. Bis es jedoch soweit ist, werden wir uns eben doch noch hin und wieder so fühlen, als seien wir anders ... denn wir sind ja auch anders in Bezug auf eine rein funktionale Lebensweise, oder?

der Traveller

Juli 2007

* * *

Materieller oder spiritueller Aufschwung

Aufschwung – Schwung – Schwingen – Schwingung – empor schwingen...

Aufschwung, wohl eines der Wörter, die mindestens einmal pro Tag irgendwo zu lesen sind ... Aufschwung, wer schwingt denn da auf und wohin eigentlich?

Zur Unterscheidung

Der wesentliche Unterschied zwischen materiellem und spirituellem Aufschwung besteht wohl darin, dass einmal erreichte Stufen oder Höhen im Materiellen einer ständigen Gefahr des Abschwungs ausgesetzt sind und keine wirkliche Stabilität aufweisen können, wohingegen erreichte Stufen oder Höhen im Spirituellen sich dieser Gefahr nicht ausgesetzt sehen. Weiterhin wissen wir ja, dass der "Reichtum" durch materiellen Aufschwung vergänglich ist.

Spiritueller Reichtum, der im Laufe der Zeit erlangt wurde, ist allerdings etwas, das auch über den Tod hinaus seinen Wert behält. Diesen spirituellen Reichtum geben wir tatsächlich weiter, denn dieser bereichert nicht nur uns nachhaltig in der spirituellen Entwicklung. Das heißt also, bei dem einen Aufschwung lohnt es sich etwas dafür zu tun und bei dem anderen hingegen eher weniger.

Obwohl es also offensichtlich ist, dass materieller Aufschwung wenig sinnvoll ist und jeder Nachhaltigkeit entbehrt, gehen dennoch die allgemeinen Bestrebungen in diese Richtung, in diese Sackgasse oder Verlustgasse. Wozu eigentlich? Was steckt dahinter? Ist es die Gier, das Verlangen nach Bequemlichkeit oder die Möglichkeit sich ein angenehmeres Leben gestalten zu können? Das sind doch eher fragwürdige Dinge, denn jeder noch so kleine angehäufte Besitz unterliegt dem Verfall oder zumindest dem Verlust. Es ist also nichts Beständiges. Das einzig Beständige daran ist, dass man sich ständig darum kümmern und sorgen muss, um ihn zu erhalten, den erworbenen Reichtum, seinen Besitz schützen und verteidigen muss. Ein ständiger Kampf also und dabei soll man glücklich und zufrieden sein? Also wirklich, das kann mir keiner erzählen, respektive glaubhaft rüberbringen, dass sich all die Mühen und Plagen lohnen würden, wenn am Ende doch alles für die Katz ist. Selbst wenn im Moment des Todes jemand in soviel Gold schwimmen würde, wie Dagobert Duck, so bliebe ihm dennoch nichts Anderes übrig als mit leeren Händen zu gehen, den Körper zu verlassen und alles zurückzulassen, was sich im materiellen Bereich befindet. Nur das Geistige kann mitgenommen werden und im Geist ist kein Platz für Goldstücke vorgesehen.

Materieller Aufschwung nur für Wenige

Es wird immer wieder vom Aufschwung gesprochen, als Meßlatte für den jeweiligen Wohlstand eines Landes und seiner Bevölkerung. Wobei es so nicht ganz stimmt, denn es ist ja in Wahrheit nur ein geringer Teil der Bevölkerung, der sich im so genannten Wohlstand befindet. Das restliche Volk tummelt sich eher in den Überbleibseln der Mittelschicht und darunter, sprich aus wohlhabender Perspektive die Unterschicht. Diese Unterschicht scheint also ein notwendiges Etwas zu sein, um der Oberschicht ihren Wohlstand zu ermöglichen. Denn die Oberschicht kauft sich nicht all die "billigen Konsumgüter" und sonstigen Ramsch, wie sie die Unterhaltungsindustrie und andere hervorbringen, nur damit die Unterschicht mit irgend etwas beschäftigt ist und gar nicht mitbekommt, dass sie die eigentlichen Träger des Wohlstands der Oberschicht sind. Denn wer würde schon gerne weiter seiner Arbeit nachgehen, wenn er genau wüsste, dass sich durch seine Arbeit und seinen Konsum wenige andere den Lebensstil leisten können, von dem der Arbeiter nur träumen kann.

Ja früher, als Deutschland noch von sich Reden machte, während und nach den Wirtschafts-Wunder-Jahren, da ging es vielen sehr gut, weil sie viel verdient haben und ihr hart erarbeitetes Geld noch etwas wert war. Damals war die Deutsche Mark noch begehrt und kaufkräftig. Vielen ging es so gut, dass sie schnell die harten Nachkriegszeiten vergessen hatten und statt Hunger und Elend kehrte nun Wohlstand für viele ein. Wohlgemerkt, nicht alle konnten auf den Zug Namens Aufschwung aufspringen, es blieben immer noch viele auf der Strecke.

Dieser Wirtschaftswunder-Aufschwung zog viele in den Bann des Haben-Wollens und so begann die Zeit, als das Kapital auszog in Ferne Länder, um sich dort auszutoben und wie nach einer wilden Party letztlich nur noch den Dreck und Zerstörung zu hinterlassen. Materieller Aufschwung ermöglichte es vielen, ferne Länder zu bereisen und dort mit dem "Vermögen" zu prassen, sich alles leisten zu können, um auch in verarmten Ländern nichts entbehren zu müssen. Denn die Bevölkerung der armen Länder konnte und kann es sich auch heute noch nicht leisten, auf so großem Fuße zu leben, wie es die Touristen tun. Zwar haben jene Touristen viele Devisen ins Land gebracht, doch wo sie wirklich hinflossen, respektive wem sie zugute kamen ist hinreichend bekannt. Übrig blieben Hinterlassenschaften, die schlichtweg als Elendsregionen bezeichnet werden dürfen, auch wenn sie nach außen hin durch Hotellandschaften kaschiert wurden, meist an den Randzonen, sprich an den Stränden, doch im Hinterland sieht's eher trostlos aus. Also auch hier Wohlstand nur für wenige.

Nun, als dann die Wirtschaftswunderjahre sich ihrem Ende neigten, hat dies auch die Bevölkerung zu spüren bekommen, denn jene, die immensen Reichtum angehäuft haben, wollten diesen nicht wieder hergeben im Sinne des Gemeinwohls. Also mussten Maßnahmen ergriffen werden, um den Reichtum nicht nur zu halten, sondern ihn immer noch weiter auszubauen, natürlich auf Kosten der restlichen Bevölkerung und ebenso so sehr auf Kosten der Umwelt, also auch auf Kosten der Gesundheit und Lebensqualität. All dies muss natürlich bezahlt werden, die Behandlungen der Krankheiten, die Umweltzerstörungen und so weiter, bezahlt vom kleinen Mann, da ihm nun immer höhere Abgaben abgepresst wurden. Da dem kleinen Mann anscheinend nichts weiter übrigblieb, ließ und lässt er sich immer noch auspressen, denn nach wie vor scheint sein Bestreben nach materiellem Aufschwung vorhanden zu sein. Manche trösten sich mit einer Durststrecke, die es zu überwinden gilt, andere geben anderen die Schuld für ihr materielles Scheitern. Wie dem auch sei, alles in allem haben Wirtschaftswunderjahre und materieller Aufschwung nicht das erbracht, was sie anfangs zu versprechen schienen, den dauerhaften Wohlstand für ALLE. Wohlstand existiert nur für wenige, der Rest finanziert ihn.

Spiritueller Aufschwung für viele – für ALLE

Spiritueller Aufschwung bringt nichts ein im materiellen Sinne, ergo lässt sich damit kein Vermögen anhäufen und auch keine Macht ausüben. Nun könnte mancher einwenden, dass die Kirche über Kapital und Macht verfüge. Es mag wohl angehen, dass sie im Laufe der Jahrhunderte ein sehr großes Vermögen "zusammengetragen" hat und einst sehr mächtig war, so mächtig, dass selbst Könige und Kaiser ihr gehörig waren. Nur einen Haken hat das Ganze, es ist kein spiritueller Aufschwung gewesen, sondern ein straf organisierter und mit allen zur Verfügung stehenden Mitteln durchgeführter materieller Aufschwung. Sprich Aufschwung für wenige auf Kosten vieler.

Nein, davon soll jetzt keine Rede sein, wenn es um spirituellen Aufschwung geht, denn dieser ist immateriell, da er sich auf den Reichtum im Herzen und Geiste bezieht. Spiritueller Aufschwung ist in keinem Handel erhältlich, er wird an keiner Börse notiert und was noch bedeutender ist, er ist ein nimmer enden wollender "Rohstoff" aus dem nicht nur Träume geschmiedet werden, sondern er lässt Visionen entstehen, die alles bisher erlebte übersteigen.

Spiritueller Aufschwung hat das Potential tatsächlichen Wohlstand für alle zu schaffen. Wohlstand, es geht einem Volk gut, es geht ihm wohl, es steht im Wohlergehen – eben Wohlstand. Was bedarf es, damit es dem Menschen wohl ergeht? Er braucht Nahrung, Obdach, Schlafstatt. Das wäre zunächst das grundlegendste für ein Wohlergehen. Kämen noch Kleidung, Möbel, Werkzeug dazu, dann wäre es erst einmal abgerundet. Und all dies stellt uns der Planet den wir bewohnen kostenlos zur Verfügung und zwar für jeden in ausreichender Menge, ohne dabei selbst einen Mangel erleiden zu müssen. Um es deutlich zu sagen, Mutter Erde sorgt für ihre Kinder mit Wohlwollen und allem, was ihr zur Verfügung steht, denn geht es ihren Kindern gut, dann fühlt auch sie sich wohl. Eigentlich so wie bei den Menschen selbst. Die Eltern freuen sich, wenn es ihren Kindern gut geht und es ihnen an nichts mangelt. Das wäre schon in kürze der Kern der Früchte eines spirituellen Aufschwungs.

Man stelle sich vor, dass niemand mehr Hunger leiden müsste, jeder ein zu Hause hat, einen Ort an dem er geschützt ist vor den Witterungen und ihn Geborgenheit umgibt. Ein jeder wäre mit ausreichend Nahrung versorgt und mit Kleidung ausgestattet. Und warum sollte dies nur eine Vorstellung bleiben? Wohl aus dem Grund, dass das Streben nach Besitz und die Gier nach Macht wenig Raum für solch Denken lassen. Die Menschen sind es einfach nicht gewohnt wirklich mitfühlend als kollektiv zu denken, sondern im Laufe der Jahrhunderte darauf konditioniert, stets im Wettbewerb zu sein, also ein Konkurrenzdenken, andere zu übertrumpfen, sie auszubeuten, sie zu betrügen, um zu bekommen was man will – Vermögen und Macht. Diese Konditionierung zu durchbrechen ist ein gewaltiger Akt, was auch in den Worten Jesu zum tragen kommt, als er sagte, die Menschen seien zu noch größeren Wundern fähig, als er sie getan habe. Allein schon bei dem Gedanken aus dem Ich ein Wir werden zu lassen und nicht mehr nach Besitz und Macht streben zu wollen, bauen sich vielen schier unüberwindbare Hürden auf, und das nur schon im Geiste, wie mag es da erst im Materiellen aussehen mit den Hürden.

Für materielle "Aufschwinger" wird es eh immer schwieriger, denn während es früher noch "sanfte" Übergänge von arm zu normal und besserverdienend, zu Mittelstandsebenen und Oberschichten gab, so ist aus dem Weg zum Vermögen ein Balanceakt geworden, der über verschiedene Stelzen führt, denn die Übergänge sind mittlerweile weggebrochen (worden). Es herrschen also tiefe Klüfte zwischen den Stufen des Wohlstands oder des Reichtums und wer nicht aufpasst, der stürzt schnell ab in die materielle Tiefe...

Solche Kluften gibt es jedoch im spirituellen Aufschwung nicht, denn gerade im Erkennen und Verstehen der Zusammengehörigkeit oder besser der Verbundenheit, also einem Wir-Bewusstsein wäre es undenkbar, jemanden abzugrenzen oder gar auszugrenzen, nur, weil er auf einer anderen spirituellen Entwicklungsstufe wandelt. Spiritueller

Aufschwung wäre erst gar nicht möglich, ließe man andere hinter sich und würde man sich nur auf seinen eigenen Weg begrenzen. Das ist doch gerade das Wirkungsvolle am spirituellen Aufschwung, dass er allein es vermag, wirklich jeden mitzunehmen, ihn ungeachtet seiner Herkunft, Religion, Überzeugung, etc. an jedem Ort der Welt auf einen Zug aufsteigen und mitfahren zu lassen.

Allein schon daran lässt sich die Bedeutung des spirituellen Aufschwungs offen darlegen und auf die Frage, was es denn einbringen würde, möge ein kollektiver Wohlstand, der ausnahmslos jedem ein Wohlergehen ermöglicht dienen.

Die Weiterentwicklung technischer Errungenschaften unter Berücksichtigung von Nachhaltigkeit, Ethik im Umgang mit allem, sowie einer Umwelt-/Naturgerechten Entsorgung und echte, spirituell wissenschaftliche Forschung, ebenfalls unter Bezug auf Ethik im Umgang mit allem Lebendigen, als Bestandteil eines spirituellen Aufschwungs bewirken nicht nur etwas, sie schaffen die Voraussetzungen oder besser die Bedingungen, unter denen es eines Tages wirklich JEDEM MENSCHEN und JEDEM MITLEBEWESEN gut gehen könnte.

Angesichts dessen, was materieller Aufschwung bisher bewirkt hat und was spiritueller Aufschwung bewirken könnte, würde er nur intensiver angestrebt und praktiziert werden, ist letzterer schon lange überfällig. Ob alle Menschen reif dafür sind ist keine Frage, denn sie sind es bereits von Geburt an, die eigentliche Frage ist, ob sie auch Willens sind. Das ist die Frage, die man sich stellen muss – wie sehr will ich den spirituellen Aufschwung und was bin ich bereit dafür zu tun, zu geben?

Niemand darf angetrieben oder gezwungen werden, denn es gilt stets den freien Willen eines jeden zu respektieren, doch ALLE sind herzlichst eingeladen sich dem spirituellen Aufschwung anzuschließen. Es wird niemandem der Zutritt verweigert, jeder ist willkommen, ungeachtet seines Beitrages. Es gibt soviel zu tun, im Großen und mehr noch im Kleinen, denn es ist die Summe der Kleinen Dinge, die letzlich das Große ausmachen. Ein Heer von 1.000 oder 10.000 ist klein, eines von 1 oder 3 Milliarden riesengroß und wer wolle solch ein Heer noch aufhalten? Im spirituellen Aufschwung steckt eine weitaus größere, vor allem positivere Macht, wie sie sich kein Herrscher über materielle Güter jemals erträumen könnte. Da dem so ist, würde auch keine materielle Hürde einen spirituellen Aufschwung jemals aufhalten können. Der Mensch selbst hat die Wahl, sich für diesen Aufschwung zu entscheiden oder dagegen. Was dann wiederum eine Frage dessen ist, wie Intelligenz genutzt wird, entweder zur Unterscheidung oder zur Erreichung von kurzfristigen vergänglichen materiellen Zielen.

Also Du beseelter Mensch, was willst du?

Was willst Du wirklich tief in Deinem Innern, in Deinem Herzen?

Willst Du emporschwingen, dann erhebe Dich über das Tier und Pflanzenreich durch spirituellen Aufschwung und nicht durch materialistische Unterdrückung, Ausbeutung und Zerstörung.

Für den spirituellen Aufschwung ist der Mensch mit allem versorgt, es steckt bereits alles in ihm, er muss es nur entdecken, erwecken und annehmen, um es dann zu leben. Der Mensch muss nichts kaufen oder mit körperlicher Arbeit erringen, denn es ist alles da, was er braucht für den spirituellen Aufschwung, es steht ihm alles kostenlos zur Verfügung. Liebe und Mitgefühl sind in unermesslichem Maße vorhanden und wollen eingesetzt werden, wollen praktiziert werden, auf das es dann dauerhaften Wohlstand für ALLE gibt.

Noch eines, spiritueller Aufschwung ist absolut risikolos, da es nichts zu verlieren gibt und nichts und niemand leiden muss, um ihn auszuführen und er ist in jedem Falle "Gewinn bringend" für den Einzelnen, wie auch für alle anderen.

der Traveller
November 2007

Lehrer sind auch nur Menschen

Tja, ob Du's nun glaubst oder nicht, aber Lehrer sind auch nur Menschen wie Du und ich!

Und soll ich Dir was sagen, früher dachte ich, dass Lehrer aus einer Art „Fabrik" kommen würden, wo eben Lehrer "hergestellt" werden. Lustig, gell?

Mal ernsthaft, Lehrer waren für mich halt Personen, die die Schüler unterrichten und zu Hause auch nur über den zu korrigierenden Arbeiten hängen, Unterricht vorbereiten und abends im Bett lesen. Ferien? Die waren eigentlich nur für uns Schüler, eine tolle Zeit ohne Lehrer! Vor allem die Sommerferien!

Als ich dann das erste Mal von der Familie eines Lehrers hörte, da war ich einfach nur erstaunt. Wie? Lehrer haben auch Kinder und einen Ehepartner? Leben so richtig in Familie? Das war zunächst ein Gedanke, mit dem ich mich erst anfreunden musste. Wie sollte es auch anders sein, da Lehrer ja stets einem etwas beibringen wollten und sozusagen "höher" standen, als andere Personen. Doch der Gedanke, sie würden auch ein Familienleben führen war tatsächlich neu. Wobei es aber doch den einen oder anderen Lehrer gab, bei deren Erscheinung man unwillkürlich dachte, die sind wirklich nichts Anderes als Lehrer, kann gar nicht anders sein. Solche Lehrer kennst Du sicherlich auch, oder? Ich meine den Typ Lehrer, die mit ihrer ganzen Erscheinung einfach nichts Anderes sein können als Lehrer. Aber!

Lehrer sind auch nur Menschen!

Manche sind sogar eine Art guter Kumpel. Bei uns waren das meist jene, die noch im Studium steckten und sich an uns versuchten. An einen erinnere ich mich besonders gerne, ein recht schräger Vogel kann man sagen, denn sein etwas schussliges Auftreten, gepaart mit sichtbarer Nervosität und dem Versuch Ruhe in den Unterricht zu bringen drängten ihm die Bezeichnung "schräger Vogel" geradezu auf. Zugegeben, anfangs waren wir Schüler natürlich die Hausherren in der Klasse, da wir ja schon länger da sind. Und an diesem Hausrecht mussten sich die Neulinge erst einmal messen lassen, es begann also das traditionelle Kräftemessen. Heute bedaure ich es, die Neulinge nicht ernst genommen zu haben, mehr noch aber ihnen auch eine Gefühlswelt abzusprechen, beziehungsweise mir gar nicht bewusst gewesen zu sein, dass auch ein Lehrer ein empfindsames Wesen ist, genau wie Du und ich. Obwohl, wenn ich mich recht besinne, dann tat er mir doch manchmal leid, wenn's zu bunt herging und er dann "out of control" war. Es befiel mich dann doch irgendwie eine gewisse Scham. Übrigens, das Schamgefühl ist uns Menschen von Geburt an angelegt, ich meine damit, wann immer wir einem anderen etwas antun, was ihm/ihr nicht guttut, dann befällt uns eine gewisse Scham vor uns selbst. Das ist noch als Kleinkind sehr ausgeprägt, deshalb sind Kleinkinder auch fast ausnahmslos bemüht, jemandem, dem es nicht so gut geht irgendwie helfen zu wollen. Ist Dir das schon mal aufgefallen, hast Du es schon beobachten können, wenn kleine Kinder spielen und eines sich verletzt oder traurig ist, wie schnell ein anderes herbeikommt, um es zu trösten? Das sind wirklich herzbewegende Momente, solch Szenerie zu beobachten. Wenn ein kleiner Junge einem anderen Kind sein Eis gibt, damit es nicht mehr traurig ist, oder ein kleines Mädchen einem anderen eine Blume überreicht, um ihm einfach etwas Schönes zu geben, was es betrachten kann, sich daran erfreuen und sogleich seine Sorgen vergessen, auf dass es nicht mehr traurig ist. Doch leider verliert es sich im Laufe der weiteren Entwicklung bei den meisten Kindern. Das ist dann auch der Grund, warum so wenig Mitgefühl (auch für Lehrer) gelebt wird. Lehrer sind eben nicht, wie kleine Kinder, die ihre Gefühle offen zeigen und dann von anderen getröstet werden, sie sind eben nur Menschen.

Der moderne Mensch kennzeichnet sich eh durch mangelndes Mitgefühl aus und zwar hauptsächlich deswegen, weil er wenig Bezug zu seinen eigenen Gefühlen hat, bzw. diese nicht wirklich wahrnimmt und analysiert, also das woher, das auslösende Ereignis, etc., all dies ist ihm eher ein Buch mit sieben Siegeln. Für einen Menschen, dem seine eigene Gefühlswelt mit allem drum und dran eher fremd ist, ist es schon fast ein Wunder dann noch Mitgefühl für andere zu entwickeln, sowohl den Mit-Menschen wie allem Lebendigen gegenüber.

So lässt sich schlichtweg sagen, dass sehr viele Menschen zwar am Leben sind, jedoch kaum wirklich lebendig. Wen wundert es also, dass dieser Umstand reichlich Nahrung für menschliches Fehlverhalten bietet, für einen Mangel an Mitgefühl.

Wo waren wir? Ach ja, Lehrer sind auch nur Menschen.

Es geht im Wesentlichen um Bewusstheit oder Bewusstseinserweiterung, sprich sich mehr mit dem auseinandersetzen, was einen umgibt und womit wir es zu tun haben, in Begegnungen und Ereignissen. Einfach mehr Bewusstheit an den Tag legen, sich selbst beobachten und sein Handeln hinterfragen, anstatt es einfach nur mechanisch auszuführen, ohne weiter darüber nachzudenken. Gemeint ist oder sind die Tragweiten des Handelns und Sprechens, was es bei dem anderen auslöst, welche Reaktionen es hervorruft. Spannend ist auch zu beobachten wie Menschen sich auf einmal in einem anderen Licht zeigen, wenn ihre Wunden Punkte angesprochen werden, sozusagen das große Unbekannte in Ihnen, vor dem sie sich gerne verstecken und es ebenso oder gerade vor anderen verstecken möchten.

Um es zu verdeutlichen, wäre es eine gute Übung, sich nur mal vorzustellen, dass sich auch Lehrer mit Sorgen belasten, die ihnen Kummer bereiten. Auch sie haben Gefühle, die sie nicht ignorieren sollten. Vielleicht gab es eine Unstimmigkeit in der Familie, oder der Weg zur Schule war gespickt mit Unannehmlichkeiten. Vielleicht gibt es eine Verdauungsstörung, die ja bekanntermaßen das Wohlbefinden arg beeinträchtigen kann und herbe aufs Gemüt schlägt. Unter solchen Umständen noch einen guten Unterricht hinzulegen ist dann schon eine Leistung.

Doch wehe, wenn den Lehrer eine sagen wir mal rebellische Klasse erwartet. Mal ehrlich, möchtest Du dann in seiner Haut stecken? Sicher wird es Dir ein Lachen entlocken, wenn Du das hier liest und wenn nicht, dann bist Du schon ein ganzes Stück weiter in Deiner Entwicklung, toll!

Bist Du jemand der gelacht hat? Nun, dann kann ich es sehr gut verstehen. Ich kenne noch das Gefühl der Überlegenheit, der eingebildeten Stärke und dass es einen selbst eh nicht treffen könnte. Also was will der da vorne eigentlich von mir? Kann mir doch egal sein, oder so ähnlich.

Ja, was will der Lehrer eigentlich?

Stell Dir vor, er hat es sich zur Aufgabe gemacht, nachdem er viele Jahre mit dem Studium verbracht hat, nun das entsprechende Wissen und Know How an nachfolgende Schülergenerationen weiterzugeben. Das ist nicht mal eben so 'n geregelter 8-Stundenjob, im Gegenteil, denn Lehrer nehmen viel mehr auf sich, indem sie auch an Wochenenden Arbeiten korrigieren, den Unterricht vorbereiten, etc. und sie nehmen es auf sich, jeden Tag erneut vor einer Meute gieriger kleiner Wölfe zu stehen, um ihnen etwas beizubringen. In der Theorie ist es noch recht einfach sich einer Klasse zu stellen, doch die Praxis lehrt einen rasch, dass da ein gewaltiger Unterschied besteht. Keine Theorie hilft einem bei der praktischen Umsetzung, bei der real erlebten Wirklichkeit mit 20-30 Schülern, von denen jeder eine eigene Persönlichkeit ist, mit individuellem Charakter. Diese verschiedenen Charaktere dann geschlossen auf ein Unterrichtsthema zu lenken und dort auch zu halten ist schon was! Vielleicht hast Du ja selbst schon Erfahrungen gesammelt, wenn es darum ging mal ein Referat zu halten. Dann erlebst Du die anderen auf einmal als getrennt von Dir, denn nun bist Du der- oder diejenige, der die Aufmerksamkeit auf sich lenken möchte, auf das Thema des Referats. Doch siehe da, einige scheint es gar nicht zu interessieren und beschäftigen sich lieber mit etwas Anderem. Ist schon ein unangenehmes Gefühl, wenn Du da vorne stehst und einige Dich gar nicht wahrnehmen, Dich nicht ernst nehmen oder gar abfällige Bemerkungen machen. Ja, es ist wirklich nicht schön das zu erleben. Doch Du hast es ja noch gut, denn nach dem Referat bist Du befreit. Die Lehrer sind es nicht!

Jetzt magst Du vielleicht einen Eindruck bekommen haben, was es bedeutet mehr Bewusstheit an den Tag zu legen und sich das anschauen, was nicht sichtbar, jedoch fühlbar ist, dann dazu die eigenen Erfahrungen auch aus anderen Erlebnissen und schon ist eine gute Basis geschaffen, um Mitgefühl zu entwickeln.

Mitgefühl ist einer der wirkungsvollsten Schlüssel auf dem Weg zum wahrhaftigen Mensch-Sein. Mitgefühl zu entwickeln bringt nicht nur Dir, auch allen und allem anderen, mit dem Du zutun hast Wohlbefinden, Freude bis hin zum Frieden. Denn der Friede ist es letztlich, der uns allen ein angenehmes und freudvolles Leben beschert. Wer den inneren Frieden kultiviert, sprich ihn für sich entdeckt, hegt und pflegt, der wird ihn auch im Leben praktizieren wollen, wozu dann auch das Mitgefühl zählt.

Es betrifft im Übrigen nicht nur die Schüler, ebenso die Lehrer. Auch sie müssen lernen, dass ihr auch nur Menschen seid. Euch plagen auch die Sorgen oder Unstimmigkeiten bei Euch zu Hause oder untereinander, denn gerade der absolut unnötige Wettbewerb schon im Jugendalter ist äußerst destruktiv, also zerstörerisch, schlimmsten Falls für das ganze Leben.

Es gibt keinen Wettbewerb zwischen Schülern und Lehrern, zwischen Schülern und Schülern, sowie Lehrern und Lehrern, denn ein jeglicher Wettbewerb gründet einzig auf dem Gedanken besser zu sein als jemand anderes, oder zumindest sein zu wollen. Wozu eigentlich? Ich meine, was ist damit gewonnen? Nichts, absolut Nichts, es wartet schon ein Dritter, der dann noch besser ist und so weiter ... ein schier endloser Wettbewerb mit immer neuen Mitbewerbern im Kampf um den besten Platz, den Sockel oder dergleichen. Doch schaut man sich um, dann wird man bei genauerem Hinsehen erkennen, dass jeglicher Wettbewerb eine Handvoll Gewinner feiert, doch eine ganze Schar an Verlierern einfach vergisst, sie nicht mal zur Kenntnis nimmt. Daraus entsteht eine große Unzufriedenheit (also OHNE inneren Frieden sein!), die dann im Neid ihre gierigen Zähne zeigt, um möglichst viele zu beißen. Einer beißt den anderen und am Ende bluten beide, gewonnen hat niemand, denn es gibt in Wahrheit nichts zu gewinnen, nur zu verlieren.

Der Verlust von Mitgefühl, von innerem Frieden, vom Harmoniebestreben und mehr. Gerade auch das Streben nach Harmonie ist uns von Geburt an mitgegeben, doch es wird wie so manch anderes zugeschüttet mit Zerstreuung, Ablenkungen und zeigt es sich dennoch, wird es geknebelt und weg gesperrt. Das Herz hat da wenig zu melden, weil es einfach ignoriert wird, reicht ja, wenn es als Muskel funktioniert. Versteinerte Herzen vermuten wir nur zu gern bei anderen, selten bei uns selbst. Wir stehen ja stets im Licht des Geschehens und sind über alles erhaben! Bis, ja bis es uns selbst erwischt und wir entwaffnet am Boden liegen und beinahe schockiert feststellen müssen, wir sind besiegt worden. Muss das sein? Ich denke NEIN! Es gibt auch einen anderen Weg, als den des ständigen Wettbewerbs, den des Mit-Einander, um gemeinsam ans Ziel zu gelangen, dem anderen beistehen, ihn unterstützen, für ihn da sein, denn gelangt man als einzelner am Ziel, so ist es reicht einsam dort und eher ein ungegönnter, denn ein gegönnter Platz. Die Neider warten schon auf ihre Chance, man muss also auch als Sieger ständig auf der Hut sein. Das kann auf die Dauer recht zermürbend sein. Wozu also sich dem ganzen Stress aussetzen, wenn es doch auch anders ginge? Bei all dem Wettbewerb wird lediglich ein riesiges Schlachtfeld hinterlassen, worunter nicht nur die Menschen, sondern ebenso die Umwelt, die Natur zu leiden haben. Was bitte schön, was sollte also so toll sein am Wettbewerb?

Es ist besser den Kampf aufzugeben und sich dem Frieden zu widmen.

Wie würde wohl ein friedvoller Unterricht ablaufen?

Wie würden sich sowohl Schüler, wie auch Lehrer in Ihrer Haut fühlen, wenn Harmonie und Frieden herrschte?

Wie wäre es, würde ein jeder mit Freude im Herzen zur Schule gehen können, ohne sich mit Sorgen belasten zu müssen, die einen dort erwarten könnten, oder gar mit Ängsten, weil die anderen einen traktieren wollen, einen Mobben.

Ist das wirklich ein tolles Gefühl jemand anderen fertig gemacht zu haben? Kann jemand wirklich behaupten, dass es sich gut anfühlt, einem anderen Schaden zuzufügen? Was würde man selbst als Opfer empfinden?

Der ständige Wettbewerbsdruck hinterlässt reichlich Spuren, die sich im Alltag schnell widerspiegeln, im täglichen Verhalten anderen gegenüber. Und? Wie sieht so Dein Alltag aus? Was und vor allem wie erlebst Du Deinen Tag, mit allem was und wie es so geschieht?

Tja, nicht nur Lehrer, wir ALLE sind eben doch ... nur Menschen.

der Traveller
Februar 2008

* * *

Wenn jemand um Hilfe bittet

... dann löst es unterschiedliche Reaktionen aus, von spontaner Hilfeleistung über Gleichgültigkeit, bis hin zur Abwendung und Verurteilung.

Es soll jetzt nicht um katastrophale Ereignisse gehen, bei denen zahlreiche Menschen in Not geraten sind, sondern um die ganz "einfache Hilfe" im Alltag, beziehungsweise das Bitten um Hilfe. Das kann sein...

- ein Obdachloser, der eine dieser "Obdachlosenzeitungen" (Motz, Straßenfeger, usw.) verkauft (die er vorher vergünstigt selber kaufen musste, um an der Differenz zu Geld zu kommen, für Essen, Trinken, etc.)
- ein Kind, das sich nicht über die Straße traut, oder den Weg nach Hause nicht mehr weiß
- ein Erwerbsloser, der nach einem Job fragt, auch kurzfristig
- ein Flüchtling, aus einem Krisengebiet, der hier nicht arbeiten darf
- der Nachbarn, die einen "Engpass" hat, wegen was auch immer
- ein Freund, der in finanzielle Not geraten ist
- ein Familienmitglied/Verwandter, der aus Übermut oder Unbedachtheit eine Dummheit begangen hat (es sind übrigens nicht immer NUR die Jugendlichen!)

- eine Mutter mit Kind, die es zu Hause nicht mehr aushält, weil sie dort misshandelt wird, usw.

Bei all diesen Bitten um Hilfe bietet sich stets eine Gelegenheit etwas zu tun oder auch nicht. In vielen Fällen wird ad hoc entschieden, oftmals ohne zu überlegen, weil einfach einem Denkmuster oder dem eigenen Glaubenssatz gefolgt wird. Dabei wird dann selten der ganz spezifische Fall gesehen, sondern einfach ein Umstand, der eine Reaktion auslöst, die eben dem eigenen Denken/Glaubenssatz folgt. Ohne weiter nachzudenken, läuft dann eine gewisse Routine ab, ein gewohntes und eingeprägtes Schema F, nachdem verfahren wird, sowohl im Helfen, wie auch im Nicht-Helfen.

Was löst es in uns aus, wenn uns jemand um Hilfe bitte?

Betroffenheit oder Gleichgültigkeit – Scham – Mitgefühl oder Kaltherzigkeit – Annahme oder Ablehnung – Verständnis oder Verurteilung – Freude, helfen zu dürfen oder die Reue, bzw. das "schlechte Gewissen" danach, es nicht getan zu haben – Ärger oder Wut – Liebe oder Nicht-Liebe...
Was es auch ist, gemäß dem Resonanzgesetz folgt auf Aktion eine Re-Aktion, ob uns diese nun be-

wusst ist oder nicht spielt insofern keine Rolle, als dass die Re-Aktion auf die eine oder andere Art stattfindet und wirksam ist.

Überwiegend sind wir uns der ersten Reaktion bewusst und erkennen auch die Gedanken dazu, bei anderen scheint es spurlos vorüberzuziehen, doch es scheint nur so, denn im Unbewussten hat es bereits seine Wirkung getan. Dem Sinn nach ist dann das Fass irgendwann voll und es kommt dann eben doch zu einer bewussten Reaktion, nachdem man den x-ten Bettler gesehen hat, oder generell zum x-ten Male gefragt wurde.

Bei einer Bitte um Hilfe bieten sich vielfältige Möglichkeiten, nicht nur die des Helfens oder Nicht-Helfens, sondern auch die Möglichkeiten des Wandels, der persönlichen Weiterentwicklung, des Wachsens, der Veränderung für sich und die Welt, denn auch der kleinste Impuls tut seine Wirkung, sowie sich das Meer auch dem einen Tropfen Wasser, der ihm hinzugefügt wird, anpassen muss und sich dabei verändert. Die Frage ist, ob und wie nutzen wir diese Möglichkeiten des sich Wandels, des Wachsens. Dabei muss auch gesagt werden, dass vielen gar nicht mal bewusst ist, dass es überhaupt diese Möglichkeiten gibt, weil...

- Ihnen nie jemand Hilfsbereitschaft oder Mitgefühl nahegebracht hat
- sie noch nicht gelernt haben ihre Herzen zu öffnen

- sie das Prinzip der bedingungslosen Liebe und Annahme nicht kennen
- sie in ihrem Leben viel Schmerz ertragen haben und sich dann aus Selbstschutz "verhärtet"
- sie selbst nie gelernt haben, dass es keine Schande ist um Hilfe zu bitten
- ihnen gelehrt wurde, dass man alles alleine schaffen oder tun muss
- sie Glaubenssätzen folgen, die ihnen sagen, dass nur der Starke gewinnt und der Schwache verliert, dass nur der (materiell) Erfolgreiche Anerkennung erlangt und der andere nicht, dass nur der Rücksichtslose weiterkommt (im materiellen Sinne) und der Sanftmütige ständig getreten + zurückgelassen wird, dass nur derjenige etwas ist, der etwas (materielles) hat und nicht jener, der lieber etwas ist, statt etwas zu haben
- sie ganz einfach fehlgeleitet wurden, im Elternhaus, im Freundes(?)-Kreis, oder sich haben zu sehr von den täglich auf sie ein prasselnden Werbebotschaften verleiten lassen und der Selbstdarstellung der "schillernden" Ganz & Glamour-Welten ihre Seele verkaufen

Aus all dem und noch vielem mehr, ergeben sich dann auch die entsprechenden Reaktionen. All dies will aber auch erst einmal erfasst werden, sich bewusstgemacht werden, um zu erkennen, worauf das eigene Handeln, die eigene Reaktion eigentlich basiert und ob man denn nun bereit ist, statt quasi unüberlegt/unbewusst zu handeln, nunmehr innehält, um die ganze Situation genau zu betrachten und ebenso sich selbst. Dies setzt natürlich grundsätzlich die Bereitschaft zur Veränderung voraus, die Bereitschaft zu einer bewussten Lebensweise, mit der angenehmen Begleiterscheinung ein friedvolleres Leben zu führen, ein liebevolleres Leben im Umgang mit sich selbst und in Folge mit anderen. Denn wie heißt es schön: Nur wer sich selbst liebt und sich so annimmt, wie und was er ist, ist auch in der Lage andere so zu lieben, wie und was sie sind. Die wirklich wundersame Erkenntnis, die daraus für jeden erwachsen kann, ist, dass wir doch gar nicht so verschieden sind in unserem Sosein und dabei dennoch unsere ganz spezielle Eigenheit bewahren, die wahre Individualität eines jeden, die in der Summe das Ganze ausmacht.

Für jeden gilt ausnahmslos seine individuelle Entwicklung, der eine mag weiter sein, der andere noch hinterherhinken, aber wem oder was? Ist es nicht so, dass letztlich ALLE einem Ziel, einer Ausrichtung folgen? Da Gott, die Quelle, in uns ALLEN wohnt, wie könnte man da noch einen anderen Weg gehen, als eben den der bedingungslosen Annahme und Liebe allem + jedem gegenüber.

der Traveller
Mai 2008

den Tod eines Bruders

aus dem Tagebuch im Jahre 2000, über den Tod meines Bruders Christian Stern 23.12.1963 - 18.07.2000, die ersten drei Tage:

Einleitung

Ein wunderbar sonniger Dienstagmorgen. Die Sonne lacht und scheint ins Zimmer, die Musik spielt freudige Melodien und ich denke so bei mir, ob Christian sich gestern Abend wohl mit Daniela getroffen hat, die sonntags neben mir einen Stand auf dem Flohmarkt hinterm Rathaus Schöneberg betreibt. Christian war sofort von ihr angetan, sie sei genau sein Typ, herb, markant, frech und fordernd. Er wollte sie wohl gestern, am Montag anrufen, um sich mit ihr zu verabreden. Er wisse noch nicht genau, ob er anruft sagte er noch morgens. Er hatte die Nacht von Sonntag auf Montag bei mir geschlafen. Ich wünschte ihm viel Freude für das Treffen und fragte noch, ob ich etwas für ihn tun könne. "He Thomas, Du weißt doch selbst wie das ist, wenn man "aussteigen" will ... also. Ich wünsche Dir noch nen schönen Tag." Das waren seine letzten Worte, die ich von ihm hören sollte. Ich schickte ihn mit den Worten "Mach's gut Christian" in den Tag und dann ging er die Treppen runter ... Am nächsten Tag (sein Todestag) schickte ich ihm dann um 09.30h eine SMS:

"hi, na wie geht´s? haste Daniela gestern gesehen? - have a nice day - thomas."

Etwa eine halbe Stunde später klingelte mein Handy und ich dachte, es wäre mein Bruder Christian, doch es meldete sich jemand anderes ...

Dienstag, 18.07.2000 – sein Todestag -

Etwa gegen 10.00 Uhr ruft mich ein Dr. Gödecke an, aus dem Unfallkrankenhaus in Berlin-Marzahn. In welchem Grad ich zu Christian Stern stehen würde? Ich bin sein Bruder, was ist mit ihm? Er hat versucht sich das Leben zu nehmen und sich gestern Abend (MO 17.07.2000 gegen 18h) mit Benzin übergossen und angezündet!

Ich konnte es nicht fassen, so´ne Scheiße. Ob er Suizid gefährdet war fragt der Arzt? Ja, das war er, aber er war auch guter Dinge, als er gestern von mir ging, Montagmorgen gegen 9.30h. Schweigen. .... Gott, Christian, warum nur? Du wolltest doch leben, heute am Dienstag hättest du eventuell einen neuen Job bekommen, über 1000 Büroräume mit Möbeln ausstatten bis Ende Dezember oder so. Warum nur? Ich weine und begreife es nicht so richtig, er liegt auf der Intensivstation, 90% seiner Haut sind verbrannt, er wird heute – Dienstag - oder morgen "einschlafen", sagt Herr Gödecke. Ich kann's nicht fassen, ich weine und weiß nicht ein noch aus, ich sage zu, dass ich komme. Aber ich habe Angst alleine hinzufahren, ich habe Angst ihn verbrannt zu sehen, ich habe doch noch nie eine Leiche gesehen – nicht mal meine Mutter damals als sie 1975 gestorben ist. Gott Dicki, warum nur?

Carmen (eine Freundin aus Wessiland) schickt ein Fax, das sie ein ganz bestimmtes Buch für Christian hätte, das ihm helfen könne ("Verlorene Kindheit" Jungen als Opfer sexueller Gewalt) – ich rufe sie an und sage ihr das er das Buch nicht mehr braucht – er liegt im Sterben ... – Gott, Thomas nein, fahr hin, er wird nicht sterben! Doch Carmen, das wird er. Der Arzt sagt 90% etc. ... er wird sterben. Heute oder morgen!

Ich rufe bei der Taxi-Innung an und lasse meinen Vater über Funk ausrufen, leider erfolglos, er meldet sich nicht. Sie brauchen die Konzessionsnummer. Also rufe ich bei Scheibe an, seinem Chef, scheiße nur der AB. Dann rufe ich bei Daddy an, (er wohnt ca. 10 km außerhalb Berlins) er ist zu Hause, sie haben diese Woche Urlaub – Er begrüßt mich mit den Worten, ach lebst ja auch noch! – Oh Gott, weiß er, was er da sagt?

Ja, sage ich, aber dein Sohn liegt im Sterben, welcher fragt er? So´ne Scheißfrage, ich werd's wohl nicht sein, also Dicki! Wir verabreden uns vor dem Krankenhaus in Marzahn. Ich esse zwei Brote, trinke ein Café und fahre los. Zeit 11.15h.
Unterwegs begegne ich Dirk / Fahrradkurier + ehemaliger Teampartner/ rede mit ihm kurz und

fahre dann weiter, die Straßen sind voll und ich komme einfach nicht voran, die Zeit rinnt und rinnt und um 12.15 bin ich erst auf der Frankfurter Allee noch ca. 20 Minuten bis zur Warener Str.

Anruf auf dem Handy – Doktor Gödecke – Ihr Bruder ist eben verstorben! Ich bin gleich da, sage ich. Nächste Ampel rot! Ich strecke die rechte Hand durch das offene Schiebedach und sage: "Ich hoffe du bist jetzt da, wo du hinwolltest, ich hoffe und wünsche es dir, dass du jetzt im Licht bist, du bist jetzt bei IHM, alter Racker – Du hast es geschafft, du bist erlöst – Dein Mensch ärgere dich nicht hat funktioniert – Du bist aus dem Spiel und Gott weiß, wann du wieder eingewürfelt wirst." Die Ampel schaltet auf grün und ich fahre weiter. Vergieße keine Tränen, denn ich habe den festen Glauben, dass er jetzt erlöst ist und das es ihm jetzt gut geht. Er ist im Licht. Ich bilde mir ein, er säße neben mir, auf dem Beifahrersitz und rede mit ihm. Na, bist du jetzt in einer der Parallelwelten? Wir lachen! ...

Daddy ruft an, wo ich bleibe und was da solange dauert? Ich sage nichts, außer das ich in 10 Minuten da bin. Na nu mach mal, sagt er. Typisch Daddy, er hat's bis heute nicht drauf, der arme Kerl. Endlich da! Der Parkplatz kostet 3,-DM die Stunde. Für jemanden, der wenig Geld hat, verdammt viel denke ich. Also mache ich den gefühllosen Wächter an, was das soll. Mein Bruder ist gerade gestorben und sie wollen mir Geld abnehmen, scheiße ist das. Ihn kümmert das wenig und er will nur die 3 Mark. Mürrisch gebe ich ihm das Geld und parke den Wagen (alter dunkelroter Golf II, nenne ihn Türkenschleuder, wegen der Folien verdunkelten Scheiben und Tieferlegung, nebst Breitreifen + Sportauspuff – egal, er war günstig und für den Kurierdienst hat's gereicht).

Lauf zum Eingang. Was sagte Dr. Gödecke, rein kommen dann links, zweiter Gang rechts, muss vorher noch Pinkeln, Blase drückt. Dann endlich im Vorzimmer angekommen, Renate, die zweite Frau von Daddy sitzt da und macht keinen besonderen Eindruck. Ich frage wo Daddy ist, sie sagt schon drin. Ich klingele und werde abgeholt. Komm in eine Schleuse. Klamotten runter und so grünes Zeug anziehen, Gummischuhe und Haarnetz. Komme mir vor wie in einem Katastrophenfilm. Hose viel zu groß und blöde zuzuschnüren, scheiße hier. Dann weiter zur zweiten Schleuse, im Gang kommen mir Daddy und der Arzt entgegen. Wir gehen ins Arztzimmer. Aber etwas Seltsames ist vorher passiert, kurz bevor ich durch die Tür trat, spürte ich ganz deutlich eine Berührung an meiner Hand, ich hielt die Hände auf dem Rücken, über Kreuz, wie ich es zu derzeit immer machte, wenn ich spazieren ging oder lief. Und da merkte ich auf einmal diese seltsame Berührung. Aber es war niemand hinter mir! Es konnte nur Dicki gewesen sein. Ja, ich glaube er war es – ich weiß es! – er hat mich ein letztes Mal berührt!

Dann im Arztzimmer, reden und reden und reden. Ich erzähle, dass ich mit Dicki noch am Sonntag zusammen war, wir abends beim Döner-Imbiss saßen und ein paar Bier tranken, viel gelacht und geredet hatten. Und das ihn die Schulden erdrücken und das er seit frühester Kindheit sich an den Begrifflichkeiten gestört habe, alles hatte einen Namen, und nichts konnte er erfühlen und erleben, ohne das es schon vorher einen Namen hätte. Ich sagte ihnen, wie toll er drauf war, welche Erkenntnisse er hatte und dass er an der Gefühllosigkeit der Menschen zerbrochen sei, dass er so viel Liebe gegeben hat und nichts zurückbekommen hat. Er hat seine Ex-freundin Birgit aus einem Loch von Wohnung geholt und ihr sozusagen mehrmals das Leben gerettet, er hat gemacht und getan und sich um alle gesorgt, er sorgte sich um mich und um andere. Als wir Sonntag redeten, da sagte er, "Man, jetzt so 'n paar Tausend D-Mark haben." Und was würdest du damit machen, fragte ich? Zuerst dir mal ein paar anständige Klamotten kaufen sagte er. Und das auf'n Sonntag, he? Klar, das bekommen wa schon hin! - Er dachte zuerst an mich! Und das in seiner Lage. Er legte immer sehr viel wert auf ein äußerst gepflegtes und wirklich schickes Äußeres, das hat er wirklich draufgehabt, sich gut zu kleiden! - Der Arzt schien mich sehr gut zu verstehen, was ich eigentlich mitteilen wollte. Ich sagte ihnen, das ich auch glaube, das es ihm jetzt gut geht und er im Licht sei – er sei erlöst –

und wir bräuchten uns keine Sorgen zu machen. Ich glaubte fest daran und tue es auch jetzt. Dann fragte der Arzt, ob wir ihn noch mal sehen wollen, woraufhin Daddy gleich vehement den Kopf schüttelte und auf keinen Fall sagte. Ich will meinen Sohn in Erinnerung behalten, wie ich ihn das letzte Mal gesehen habe. Ich sagte sofort ja und der Arzt verstand auch warum. Ich musste ihn einfach noch mal sehen, mich direkt verabschieden, um nicht mit einer unbeantworteten Frage den Rest meines Lebens verbringen zu müssen. Denn nur so, durch den direkten Abschied konnte sich der Kreis schließen, die Sache abgerundet werden und somit ein klares Ende finden.

Mittwoch, 19.07.2000 – 01.11h nachts

Ich kann nicht aufhören an ihn zu denken.

Nach dem Krankenhaus bin ich gestern nach Hause, da habe ich einen halben Börek gegessen, mit Schafskäse, dabei die BZ geblättert, aber es stand nichts über ihn drin. Danach ein Café und dazu die Musik aus "Gladiator". Gegen 17.20 habe ich mich hingelegt, aber ich konnte nicht schlafen, die Zahnschmerzen fingen wieder an, sich bemerkbar zu machen. Nehme 2 Aspirin und versuche es noch mal, kein Zweck, also rauche ich eine Zigarette und schau aufs Handy, war immer noch auf stumm geschaltet. Daddy und Carmen haben angerufen. Ich rief wenigstens Daddy zurück, er wollte nur reden, hat sich mit Gartenarbeit abgelenkt (sie bewohnen ein kleines Fertighaus, südlich von Bernau, mit Garten. Das Grundstück wurde Renate nach der Wende rückübereignet. Totales Brachland, seit dem Krieg wurde dort nichts mehr gemacht, man sah sogar noch Mauerreste des alten Hauses, alles komplett von Pflanzen überwuchert) und er konnte es eigentlich immer noch nicht fassen, was passiert ist. Er hat sich Dicki ja nicht noch mal angeschaut, er wollte ihn so in Erinnerung behalten, wie er ihn das letzte Mal im Frühjahr gesehen hat. Ich erzählte noch kurz von dem Telefonat mit der Polizei und wir verblieben so, dass ich mich morgen melde, wenn die sich wieder bei mir gemeldet haben. Danach bin ich spazieren gegangen 18.30, ich konnte einfach nicht zu Hause bleiben, ich musste laufen, einfach nur laufen.

Christian Christian Christian – ich weine und sehe immer wieder das Bild vor mir, wie du so daliegst, der ganze Körper verbrannt, die Ohren ganz klein, die Augen geschwollen und zu, Blut läuft an den Seiten raus, bzw. es war schon geronnen und der Beatmungsstöpsel steckt noch in deinem Mund. Die Haare ganz schwarz und kraus, die Haut blättert sich überall und teilweise sind große rote Stellen zu sehen, der ganze Körper aufgedunsen, ich kann es nicht fassen – er ist tot – einfach tot!

Als ich seinen Arm berührt habe, war er so kalt. Ich strich ihm über die Stirn, so wie bei meinem Sohn, wie bei einem kleinen Jungen. Ich sagte noch etwas zu ihm, aber was weiß ich nicht mehr. Ich wollte ihn auf die Stirn küssen und hab's dann doch nicht getan – warum Thomas? Was hat dich davon abgehalten? Die Verbrennungen? Ja vielleicht, kann sein, sagte ich im Selbstgespräch. Ich strich ihm mehrmals über die Stirn und übers Haar und sprach einfach zu ihm. Dann gab ich ihm noch einen Stupser auf die Stirn mit dem Finger und beim Gehen, klopfte ich noch mal an seinem Bein. Oh Gott, es war so seltsam, diesen Menschen, den ich vor fast 24 Stunden noch lebend verabschiedet habe jetzt so tot daliegen zu sehen.

Der Arzt sagte, er habe nicht gelitten, er sei sogar, als die Sanitäter eintrafen, noch ansprechbar gewesen, das kann man gar nicht fassen. Was muss das für ein Gefühl gewesen sein. Der Körper verbrannt, die Augen kaputt, die Ohren verbrannt, die Haare versenkt, die Haut verbrannt und dann noch ansprechbar? Was mag da in ihm vorgegangen sein? Wie war das Gefühl als Birgit ihn nicht sehen und sprechen wollte, als er vor dem Haus stand, indem sie wohnte? Er rief sie übers Handy an, sie solle ans Fenster kommen, er hätte ihr etwas zu zeigen, doch sie sagte nein. Welcher Schmerz muss ihn da überkommen haben? Oh Gott Christian, es tut mir so leid für dich, dass du so gelitten hast. Wie war das als du Dich mit Benzin übergossen und dich dann angesteckt hast? Was ging in dir vor als du branntest? Gott, ich hoffe du hast nichts mehr gespürt. Der Arzt sagte du hättest keine Schmerzen mehr empfunden. Der Körper eigene Schutz sozusagen. Dann wurde vor Ort auch gleich die Narkose eingeleitet. Du hast wohl Morphin bekommen, mal etwas Anderes wie Ecstasy oder Kokain, he? Aber das hast du ja wohl nicht mehr mitbekommen. Der Arzt meinte du hättest nicht mehr gelitten, sondern wärst ohne schmerzen eingeschlafen. Gott wie schön! Ein schneller schmerzfreier Tod, denn im Leben hast du wirklich genug gelitten. Oh Gott Christian, warum musstest du erst sterben, bevor ich dich so liebevoll berührt habe? Ich schwöre dir, du bist nicht umsonst gestorben! Nein, dein Tod wird ein Zeichen setzen, ich werde dafür sorgen, ja mein lieber, ich liebe dich und du hast durch deinen Freitod etwas bewegt, vor allem in mir und das wird die Welt erfahren, ja ich sag dir, wir werden zusammen etwas bewegen. Dein Tod soll nicht umsonst gewesen sein und nicht nur wegen Birgit oder deiner scheiß Schulden. Christian, warum konnte ich dich gestern nicht in den arm nehmen? Es tut mir so weh, dass ich es nicht getan habe und doch weiß ich, dass du es verstehen könntest. Ich bin, der ich bin und ich habe nicht geglaubt, dass so etwas passieren würde. Weißt du, ich bin vorhin bei "Gladiator" im Kino gewesen, aber ich habe dich im Geiste mitgenommen. Weißt du noch, als ich dir das erste Mal von dem Film erzählte, da hast du abfällig über den Film geredet? Und dann bist du allein hingegangen und er hat dir so gut gefallen, das du ihn am liebsten gleich noch mal gesehen hättest und noch mal und noch mal. Deshalb bin ich heute mit DIR dahingegangen – es ist wirklich ein verdammt schöner Film! Und stell dir vor, als ich nach dem Film rausging, musste ich auf der Straße anfangen zu weinen. Mir sind einige Leute entgegengekommen, aber denkst du auch nur einer oder eine hätte mich angesprochen? Nein, niemand hat mich angesprochen, sie alle haben weggeschaut und wollten nichts damit zu tun haben – sie hatten Angst – Angst vor sich selbst, sie haben gegiggelt und rumgealbert, aber mich nach Möglichkeit nicht zur Kenntnis genommen. Gott, wie schlimm ist es eigentlich um die Menschen bestellt? Sind sie wirklich so gefühllos geworden? Warum haben sie solch eine Angst vor ihren eigenen Gefühlen?

Weißt du was, als Daddy, Renate und ich in der Cafeteria im Krankenhaus auf die Bullen warteten, da hat mich eine Frau vom Tresenpersonal oft angesehen und auch länger, aber ich habe nichts gemacht, also ihr keine Telnr. gegeben oder so. Ich dachte mir, das ist eh bloß wegen meiner optischen Reize, also was soll's. Aber morgen werde ich vielleicht doch noch mal hinfahren und sie fragen, was sie fühlt, wenn sie mich sieht, ja genau das mache ich. Ich werde sie fragen, ob sie an mir als Menschen interessiert ist oder nur auf das äußere abfährt. Das ist doch okay so, oder? Verzeih, wenn ich das so sage, aber es war halt so. Ich kann doch auch nicht dafür, mich hat sie irgendwie berührt und ich würde schon gerne wissen wollen, ob sie ein wirklicher Mensch ist und mich auch als Menschen will oder nicht. Weißt du, ich habe gerade jetzt so Sehnsucht nach Nähe. Ich möchte so gerne neben jemandem liegen und einfach nur den Menschen neben mir spüren.

Als ich nach Hause kam, waren 3 Anrufe auf dem AB. 2x Verwandtschaft und ein Freund, leider in seiner typischen Art, er kann wohl nichts dafür. Er sei total seltsam drauf, sagte er. Kann nicht glauben, was er gehört hat und würde sich freuen, wenn ich mich melde und wünschte mir einen schönen Abend! - Was soll das denn? Muss wohl der Schock gewesen sein, sonst hätte er mir doch keinen schönen Abend gewünscht.

Harry (Name geändert!) hat sich im Krankenhaus bei Doktor Gödecke gemeldet. Was will der denn? Nachdem, was du mir erzählt hast, kann er bleiben, wo der Pfeffer wächst. Du hattest ihn um Hilfe gebeten, ja sogar gebettelt und er hat dich von seiner Sekretärin abblitzen lassen, dabei verdient der soviel, dass er sich ein Haus in Eichkamp (Nobelbezirk) leisten kann. Soll er man ruhig seine Radiosendungen machen, schön zynisch und arrogant, wie eh und je. Und das war dein bester Freund? Na danke! Ihr kanntet Euch ja schon seit der Schulzeit. Also ich will mit dem nichts zu tun haben und du sicher auch nicht mehr, gell.

Was mir sorgen macht, ist das Daddy dich auf einem anonymen Friedhof beisetzen lassen will, da wo die Mutter von Renate liegt. Soll ich ihm sagen, dass du es wahrscheinlich nicht gewollt hättest? Ich meine es ist letztlich nur dein Körper und deine Seele schwirrt jetzt irgendwo in der Anderwelt. Gott, irgendwie beneide ich dich fast, du bist schon da, wo ich noch hinkommen muss, aber wir werden uns eines Tages wiedersehen, dessen bin ich mir gewiss. Sag, hast du jetzt Kontakt zu unserer Mutter? (sie verstarb 1975 an Brustkrebs) Das würde mich interessieren. Ach Christian, du bist mir jetzt näher denn je und doch so weit weg. Wie gesagt, dein Tod wird nicht umsonst gewesen sein, ich werde dafür sorgen. Ich liebe dich und ich werde dich wiedersehen. Eines Tages, ich weiß es!

Morgen rufen mich die Bullen an und geben mir dann die Schlüssel für deine Wohnung. Das wird bestimmt nicht leicht werden, aber es muss wohl sein. Du hast soviel schöne Klamotten, die mir bestimmt passen, aber ich weiß nicht ob ich sie tragen soll? Weißt du, die Indianer verbrennen alles was einem Verstorbenen gehört hat und rufen seinen Namen erst wieder wenn ein neues Kind geboren wurde und diesen Namen trägt. Ich weiß es einfach nicht, du weißt selbst am besten, wie dringend ich neue Klamotten benötige. Manometer, Sonntag haben wir noch zusammen gelacht und Montag früh haben wir noch geredet und abends machst du so´ne Scheiße. Ich möchte es verstehen Christian. Ich möchte wissen, was da zwischen dir und Birgit abgelaufen ist, was dich so an sie gebunden hat, das du dir das Leben nimmst, weil sie dich nicht sehen und sprechen wollte. Hättest du nicht darüber mit mir reden können? Du hast mir doch so viel erzählt. Es fällt mir so schwer es anzunehmen, dass du einfach tot bist. Ich habe dich ja gesehen, deinen verbrannten Körper, aber dennoch, warum mein Lieber? Es tut so weh. Ich hoffe nur, dass du wirklich nicht mehr allzu viel gelitten hast. Mein Gott du bist gestorben, wie du gelebt hast – sehr extrem! Christian, du wirst mir fehlen, dein Lachen wird mir fehlen, der Blick in deine Augen, deine ganze Erscheinung, du hast es echt verstanden dich gut anzuziehen, dass muss ich dir lassen.

Gott, war das ein Unterschied, dich so verbrannt zu sehen. Warum konnte ich nicht früher im Krankenhaus sein, deine Hand halten, als du noch lebtest? Bitte verzeih mir, bitte. - Ich weiß du hast dich selbst auch so gesehen, wie du dalagst. Sag, hast du mich berührt, als ich mit Daddy ins Arztzimmer ging? Das warst du, oder? Ich weiß es oder zumindest glaube ich es. Es war ein seltsames Gefühl, diese Berührung an meiner Hand. Man, du lachst dir bestimmt einen oder?

Als ich so nach Hause kam, dachte ich würde dich vielleicht noch mal sehen, dass du noch mal zurückgekehrt bist, Du könntest es, wenn du wolltest, nicht wahr. Du kannst mir noch mal erscheinen. Aber ich weiß auch so, dass du mich siehst und weißt was ich tu. Passt du auf mich auf, kleiner Bruder? Ach Christian, du bist jetzt in der Anderwelt und Gott allein weiß, was du tust, was deine neue Aufgabe sein wird. Ich weiß, ich muss dich gehen lassen. Noch ist der Schmerz groß und es tut sehr weh, aber mit der Zeit wird auch das vergehen und ich kann mich vollends für dich freuen, weil du jetzt im Licht bist.

So mein Lieber, es ist jetzt 03.37 und ich wird mal versuchen, ob ich schlafen kann, hab ja immerhin knapp 1 1/2 L Bier intus. Die ganze Zeit spielt die Musik aus Gladiator, aber das weißt du ja eh, nicht wahr. Ich liebe dich und wünsch dir alles Liebe. Mögest du jetzt deinen Frieden haben, möge es dir gut gehen und nächste Woche schauen wir uns noch mal den Gladiator an, gell. Dein Thomas.

Donnerstag, 20.07.2000 – 03.42h

Ich war heute in deiner Wohnung. Als ich die Wohnung betrat hatte ich ein dolles Flattern überm Bauch, was war das? Es legte sich schnell. Gott, alles so sauber und ordentlich, erst mal nen Espresso machen, den hast du ja auch so geliebt. Aber ich kam mit deiner Maschine nicht klar. Na, es ging dann irgendwie. Ein sauberes Bad, die

Utensilien, ich musste lächeln, Zahnbürste, eine leere Flasche von deinem edlen Duftwasser, Rasierzeugs und Seifenspender. Ich ging so durch die Wohnung und stellte immer wieder fest, wie einsam du gewesen sein musst. Mit wie viel Liebe du deine Sachen geordnet hast, alles sauber und ordentlich. Es tat mir richtig Weh, so als könnte ich deinen seelischen Schmerz fühlen, den du in der Wohnung zurückgelassen hast. Am Balkon hing außen ein Windspiel, mit Delphinen, das musste ich mir heute mitnehmen. Und immer wieder diese Gedanken, wie passt das alles zusammen, du hast dir die Anwohner-Parkplakette besorgt, hast dich in deiner neuen Wohnung organisiert für die Zukunft sozusagen, und dann doch diese Tat.

Erst heute erfuhr ich bei der Polizei, wie es abgelaufen ist. Ich wusste nicht, dass du aus dem Auto und brennend in einen Friseursalon gerannt bist. Dort dann zusammengebrochen und die Leute haben versucht dich zu löschen. Wie war das? Hattest du da noch etwas gefühlt? Hattest du Schmerzen? Ich hoffe nicht. Ich glaube es nicht. Seit heute Mittag durchlebe ich diese Situation immer und immer wieder, ich versuche es mir vorzustellen, es zu erleben, wie es ist, den Benzingeruch in der Nase und dann der entscheidende Moment, wo das Feuerzeug angeht und du in Flammen stehst. Was muss das für ein Gefühl gewesen sein, eingehüllt von Flammen. Und dann brennend aus dem Wagen zu steigen und in den Salon zu rennen, wolltest du gerettet werden? Hattest du darauf spekuliert gerettet zu werden? Das wäre doch fatal geendet, entsetzliche Verbrennungen und was für ein Leben hättest du dann gehabt? Du, der du soviel wert auf deine Erscheinung gelegt hast, ich weiß es nicht. Es kann auch eine Reaktion vom Gehirn gewesen sein, ich weiß es echt nicht. Bist du dir in dem Moment, wo du branntest bewusstgeworden, was da eigentlich passiert? Und dann in der Hoffnung zu überleben in den Salon? Gott Christian, es tut mir so leid für dich, diese Schmerzen machen einen fast taub, ich fühle es nicht mehr richtig. Bin ich Gefühls tot geworden? Ich meine, ich sitze hier und schreibe über deinen Tod, wie es passiert ist und sehe es fast vor meinen Augen, wie die Flammen am Körper züngeln und ich schau durch die Windschutzscheibe raus, dann reiße ich die Tür auf und renne auf den Salon zu, stürze durch die Tür und geradewegs auf eine Frau zu, mir schwindet die Kraft und ich sinke nieder, sitze mit dem Rücken am Schaufenster und sehe die Beine brennen, alles brennt, der Atem beißt in der Lunge, ich versuch zu schreien, ich weine – CUT. Hier setzt es aus, weiter komme ich nicht, da hören jedes Mal die Gedanken auf.

Schon 04:04h und ich kann nicht schlafen, sprich ich bin nicht müde und es zieht mich nicht ins Bett, habe mir noch ein Bier geholt, vielleicht hilft´s ja.

Der Herr Schmidt von der Polizei, war erstaunt, dass ich es mit solch guter Fassung tragen würde. Ich sagte ihm halt, wie ich damit umgehe. Und jetzt, wo ich das so schreibe, da überkommt mich der Gedanke, ob das alles okay ist, oder ob da ein Verdrängungsmechanismus in Gang gesetzt wurde. Ich weiß nicht. Vielleicht werde ich verrückt und knall einfach durch? Ich weiß es einfach nicht und hab auch keine Angst davor. Es macht mir lediglich etwas sorge, das ich es so gut verarbeiten kann, aber vielleicht auch nur, weil die anderen, Jacky, Marion und Boris mehr leiden, wie ich, ihnen es wirklich schlecht geht. Es erschreckt mich irgendwie und doch habe ich die Gewissheit, es ist alles okay, ich gehe richtig damit um. Gott sei Dank steht Carmen mir bei, ohne sie wäre es bestimmt schwerer, aber sie bestätigt mich in meinem tun. Ihr Sprechen und die Zitate und Gedichte, die stimmen einfach mit meinem fühlen überein, sie bestätigt mir, was ich schon längst fühle.

Mit jedem Tag wird es leichter, Ich hoffe, ich halte dich nicht, wenn ich das hier jetzt so alles schreibe. Und? Bist du mit offenen Armen von unserer Mutter empfangen worden? Stand sie im Licht und es strahlte hinter ihr, so dass du sie kaum erkennen konntest? Es war bestimmt schön für dich, in ihre offenen Arme aufgenommen zu werden, he. Ihr habt euch bestimmt ne menge zu erzählen und werdet Tage und Nächte damit verbringen zu reden und reden und reden. Und wenn du müde wirst, dann legst du deinen Kopf in ihren Schoß und schläfst einfach ein, während sie dir übers Haar streicht. Ich sehe dich richtig, wie du wonnig und zufrieden lächelst und dich einkuschelst. Gott Christian, du hast es geschafft und verdient, du bist zu hause. Es wird noch sehr lange dauern, bis ich zu euch stoße, denn du weißt, hier wartet noch eine große Aufgabe auf mich und Carmen wird mich dabei begleiten und unterstützen. Ich mache immer bessere Fortschritte und der Gedanke, das Denken für die anderen, die Sorge um andere, nimmt immer mehr Gestalt an, bisher hielt es sich ja in grenzen, was ich tat. Gewiss hier und da mal ein paar Mark für den alten Mann, der immer bei Real steht und oft auch ein Gespräch, aber je öfter ich es mache, desto leichter fällt es auch. Carmen sagt, ich hätte mich schon ganz schön verändert in der Zeit, wo wir uns kennen, und das sind erst 3 Monate.

Du armer Tropf, was war dein Leben für ein Leidensweg und doch ist es so, das deine Seele sich Deinen Körper ausgesucht hat um zu lernen, um wohl genau diese Erfahrung zu machen. Auch wenn es verdammt weh tat und das Leben für dich hier zur Qual wurde, du viel Leid erfahren hast und viel Schmerzen erleiden musstest, so diente es doch letztlich einer Entwicklung, die wir hier auf der Erde, wir Menschen nicht überschauen können, denn uns ist der Schöpferplan nicht bekannt. Wir können nur ausführen, was auszuführen ist.

Wieso werde ich nicht müde? Draußen wird es hell und ich bin nicht müde?

Birgit hat mich vorhin angemailt. "Bist du da?" - das war alles, darauf habe ich zurück gemailt: Ja ich bin da! - und meine Telefonnummern mitgeteilt, hab ihr auch ne SMS geschickt und ihr aufs Handy gesprochen, aber es tat sich nichts bisher. Wird sie sich noch melden?

Grad wird mir bewusst, dass es immer ein komisches Gefühl ist, wenn ich den Herd anmache, also mit der Flamme, die sich entzündet, nachdem ich das Feuerzeug ranhalte. Seit 2 Tagen esse ich kaum etwas, trinke viel Café, wie immer und abends Bier. Wo wird das enden? Ich lass mich irgendwie auch treiben.

Schaue grad aufs Bett und sehe dich dasitzen, so wie am Sonntag, als du hier warst. Es ist schon komisch. Und dann drängt sich das Bild von deinem verbrannten Körper ins Bewusstsein. Gott, was geht hier ab? Wird es noch einen "normalen Alltag" geben, nachdem was alles geschehen ist? Ich glaube, ich muss mich um die Leute im Frisiersalon kümmern und um Birgit. Vielleicht fahre ich am Wochenende zu Daddy und erzähle ihnen " die wahre Geschichte" um dich. Sie werden sie jedenfalls zu hören bekommen. Egal was passiert, sie müssen die Wahrheit erfahren, denn die Scheiße, die sie da leben kann es nicht sein. Sie haben keine Ahnung, was abgelaufen ist und gerade Renate, die wird eine Art Schock erleiden denke ich, aber so wie sie drauf ist, wird sie es vielleicht auch gar nicht an sich ranlassen. Ich lass mich Überraschen und du auch he.

Christian, mein Lieber, grüß mir unsere Mutter und sage ihr, dass ich ihr verziehen habe.

Ich rauche jetzt noch eine und versuch dann zu schlafen.

Alles Liebe für dich

Dein Bruder Thomas.

Mach's gut mein Lieber...

Die Selbstverständlichkeit über alles Mögliche zu reden, nur nicht über sich selbst – Energievampirismus –

Kennst du das, wenn du dich mit jemandem im Gespräch befindest und der andere dir ohne Unterlass alles Mögliche erzählt, nur kaum, bzw. bis gar nichts über sich, wobei, dass ja selbst schon einiges über den anderen aussagt.

Was ich meine ist, wenn jemand z.B. sich über einen Kollegen aufregt und labert + labert + labert, dann kommt noch die schreckliche Verkäuferin aus irgendeinem Geschäft, der pöbelnde Fahrgast in der U-Bahn, das Verhalten anderer generell. Na, kommt dir das bekannt vor? Na dann weißt du ja, wovon ich rede.

Dieses ganze Geplapper über das Fehlverhalten dieser und jener, über die Missstände hier + da, etc. all das sagt jedoch wenig über denjenigen aus, der es gedankenlos daherredet und somit eigentlich kein Gespräch führt, sondern nur eine Unterhaltung. Ja, man unterhält sich und den anderen mit unnützen Belangen, die einen selber kaum etwas angehen, satt dessen berauben sie einen der Energie + Zeit. Energievampirismus könnte man das nennen.

Was bringt uns das, wenn wir dem Geplapper Aufmerksamkeit schenken?

NICHTS! Es kostet uns nur Zeit und Energie, denn weder der andere, noch wir selbst können daraus einen tatsächlichen Nutzen für unser Leben ziehen, denn es betrifft uns nicht. Was schert es mich, ob sich nun Frau Pauline Putzig ständig an den Chef heranmacht und ihre Kolleginnen mobst? Mir doch egal! Oder was habe ich davon zu erfahren, dass in dem und dem Geschäft die Verkäuferin heute missgestimmt ist, wollte ich heute dahin, um etwas zu kaufen? Sicher nicht. Wen interessieren die neusten Horrormeldungen aus der Tagespresse und den TV-Nachrichten? Gemäß der Frage, haste schon gehört / gelesen / gesehen?

Nein, habe ich nicht, weil es mich nicht interessiert! Ich weiß, dass es all das gibt und jeden Tag geschieht, aber muss ich mir das deswegen jeden Tag aufs Neue reinziehen, mir antun und mir dadurch meine Energie aussaugen lassen? Das ist Energievampirismus in großem Maßstab, denn unzählige Menschen tun genau das, indem sie sich täglich den ganzen Horror reinziehen. Selbst wenn sie sagen, sie nehmen es nicht so wichtig oder ernst, jedoch vergessen sie dabei, dass sie dem doch immerhin einen Teil ihrer Aufmerksamkeit schenken und somit auch einen Teil ihrer Energie! Gemäß dem Gesetz, wonach die Energie der Aufmerksamkeit folgt.

Da sitzen nun sagen wir mal zwei Menschen und reden über all diese negativen Erscheinungen im Berufsleben, der Einkaufswelt, der Verkehrswelt und der restlichen Welt. Wobei ich mich frage, was betrifft mich ein Busunglück in Australien? Erst einmal rein gar nichts, im spirituellen Sinne insofern, als dass ich ein Teil des Gesamten bin, dies macht jedoch nur einen Bruchteil aus. Und umgekehrt ebenso. Ergo relativ bedeutungslos. Nicht so bedeutungslos hingegen ist es, wenn wir all dem unsere Aufmerksamkeit schenken, denn dann sind wir stets außerhalb von uns selbst und irgendwann so ausgelaugt, dass wir uns gar nicht mehr die Zeit und Muße nehmen können, uns wirklich um uns selbst zu kümmern, in uns hinein zu horchen und mal zu hören, wie es uns selbst denn eigentlich geht. So geschieht es alle Tage, dass die Menschen einen Großteil ihrer Energie nach außen verschleudern und sich nach und nach immer schlechter fühlen, sie sind oft müde und fühlen sich schlapp. Ist es denn ein Wunder, wenn ich meine eigenen Ressourcen verschwende, statt sie für mich zu nutzen?

Ja, und da kommt dann noch jemand daher und labert mich mit all dem destruktiven Zeugs voll, wobei er mir unbewusst Energie entzieht, die ich aber für mich benötige, für mein Wohlbefinden – für meinen Frieden! Also ist es am sinnigsten, diesen jemand fortzuschicken, soll er doch woanders den Mist abladen, aber mich nicht voll labern und meine wertvolle Zeit stehlen, sowie meine Energie.

Vielen ist das gar nicht bewusst, sie begegnen sich, reden über dies und das, gehen auseinander und haben sich im Grunde nichts gesagt, was man nicht auch in den Zeitungen lesen oder im Radio hören könnte. Also wozu war solch eine Begegnung dann überhaupt nutze, wofür war sie gut?

Mir ist schon klar, dass es zu einer festen Gewohnheit geworden ist, Begegnungen in dieser Form zu gestalten, aber um welchen Preis? Die einzigen, die tatsächlich etwas davon haben, sind die Energievampire.

Entzieht man sich nun solchen Gesprächen(?), die besser Unterhaltung genannt werden sollten oder die Feste der Dunkelwesen (lach), so handelt man sich nicht selten eine Ablehnung ein, zumindest aber ein Unverständnis, so etwa wie: "Was ist denn mit Dir los?" Kopfschüttelnd wird man also gefragt, was mit einem los ist, so als sei es das normalste (ich erinnere – normal=norm alle) der Welt, sich den negativen Müll gegenseitig um die Ohren zu schleudern. Dabei kann man schon ins Unverständnis bis hin zum Entsetzen geraten, das verstehe ich durchaus.

Vielleicht sollte man mal bei dem nächsten Gespräch(?) genauer hinhören, worum es geht und wie man sich selbst dabei und danach fühlt. Fühlt man sich selbst gut aufgehoben und verstanden? Oder eher so, als hätte man gerade einen kleinen

Marathonlauf hinter sich und fühlt sich dementsprechend müde bis entkräftet? Fühlt man sich in irgendeiner Weise bereichert im Geist, am Seelenheil, oder doch eher unangenehm beladen / belastet sozusagen? War es eine wirklich freudige Begegnung oder freut man sich eher, dass sie endlich entgegnet ist? So gesehen gibt es die einen, auf die man sich freut und die anderen, bei denen man sich auch freut, jedoch erst dann, wenn sie wieder gehen.

Ich spiele das Spiel "Mensch auf Erden" gerne, aber DAS muss ich mir wirklich nicht mehr antun, dann lieber ne Runde aussetzen und auf den nächsten warten, mal sehen – mal hören, was er oder sie zu sagen hat. Denn ich will ja weiterkommen und nicht stehen bleiben, um als Energie-Vampir-Futter zu dienen.

In diesem Sinne hoffe ich, dass du mehr mitnimmst, als du an Energie hiergelassen hast. Wäre mir wirklich eine Freude - für Dich!

Gehab Dich wohl und achte darauf, wer Dir was zu berichten hat ... es könnte Dich deiner wertvollen Energien und Zeit berauben!

der Traveller

Mai 2008

* * *

Ist Einsamkeit ein Leiden der Neuen Zeit?

Einsamkeit, dieses ungeliebte Thema, schmerzvoll, quälend und für viele nicht enden wollend. Die Zeit wird zur Qual, weil sich die Einsamkeit in ihr streckt bis zum geht nicht mehr. Einsamkeit, immer noch ein Tabuthema, da wir ja alle so aufgeklärt, so offen für Neues sind und uns in Megastädten zusammenfinden, um der Einsamkeit zu entkommen. Und? Gelingt es? Die Frage muss ich nicht beantworten, die Antwort ist wohlbekannt.

Als Zeichen des Nicht-Gelingens dürfen gerne die ständige Suche herhalten, die unüberschaubaren Singlebörsen und Kuppelshows, etc. – Alles sehr deutliche Zeichen einer kollektiven Vereinsamung!
Wie kann das nur möglich sein? Ich meine, wir leben teilweise in Millionenstädten und hätten theoretisch Tausende von möglichen Partnern oder Partnerinnen zur Auswahl, dennoch scheint es nicht zu gelingen, der Einsamkeit zu entkommen.

Was läuft da schief? Was müsste sich ändern? Woran scheitert es?

Kennzeichen der Einsamkeit

Egal wie sich Einsamkeit bei jedem einzelnen zeigt und sich anfühlt, sie wird meist von den gleichen Eigenschaften getragen, wie

- nicht mehr allein sein wollen
- jemanden fürs Leben haben wollen
- Geborgenheit und Schutz finden
- Halt und einen Quell der Kraft haben
- auch den Hauthunger gestillt wissen
- und am wichtigsten ist wohl die Liebe, wahrhaftig geliebt zu werden, in all seinem Sosein

Doch gerade an der Liebe scheitert nicht nur die Suche, wenn man endlich den Partner gefunden zu haben glaubt, von dem man nun hofft, dass mit ihm oder ihr alles Leiden ein Ende hat! Welch ein Segen, welch ein Glück, endlich im irdischen Paradies angekommen ... doch eh man sich versieht, sind diese Glücksgefühle auch schon wieder den Bach runter geflossen...

Gerade noch im siebten (die höchste Stufe in der kosmischen "Leiter"!) Himmel und total verzückt und im nächsten Moment sich im überraschenden Gewitter wiederfindend, dass nicht nur die Luft reinigt, sondern auch den verblendeten Geist – auf einmal sieht man klarer und nichts ist, wie es schien – alles vorbei – aus der Traum. ABER, beim nächsten Partner wird alles anders, also Ärmel hochgekrempelt und erneut auf die Suche gehen, oder sich finden lassen. Möglichkeiten gibt es ja Dank Internet genug ... Neues Spiel - Neues Glück - Neues Missgeschick!

Einsamkeit, sie treibt uns zu dem tief empfundenen Leiden, dem Schmerz des Alleinseins. Niemand da, der einen liebt, so wie man ist – mehr wollen wir doch gar nicht – ist das zuviel verlangt? Anscheinend, denn nicht wenige sehen sich genau darin überfordert, da ihr Glaube an gesellschaftliche Verhaltensmuster und Schablonen stärker ist, als an ihr Herz, dass ihnen sehr genau sagen würde, wer es ist und wer nicht, vor allem aber wie man wahrhaftig liebt ...

Einsamkeit, sie beschert nicht nur der Spirituosen-Industrie enorme Umsätze, denn mit dem "Sprit" lässt es sich leichter ertragen, machen ja (fast) alle so. Also ansetzen und runter damit! Man weiß ja, dass es nicht hilft, aber egal, für den Moment ist's erst einmal gut. Scheiße, verdammte Scheiße, wieso wieso wieso???

Einsamkeit, was für ein Gefühl ist das eigentlich genau? Ist es wirklich die Sehnsucht nach einem Partner? Das in den Arm genommen werden? Das Reden und verstanden werden? NEIN, weder noch – wir glauben, dass es das sei, aber selbst wenn sich ein halbwegs adäquater Partner einstellt und wir für kurze Zeit ein Hoch erleben, so lassen sich nicht wenige nach dem "Hoch" in eine gelebte Mittelmäßigkeit fallen, nur, um nicht wieder einsam zu sein. Also kann es weder der Partner, noch das in Arm nehmen oder das Reden sein. Was zum Geier ist es dann?

Was es wirklich ist

Einsamkeit, oder das, was wir dafür halten, es so erleben, ist ein sehr tief sitzendes Gefühl, der Ruf der Seele nach der göttlichen Heimat, nach Gott und seiner Liebe. DAS steckt hinter allem und deswegen scheitern alle Versuche sie im außen beseitigen zu wollen, sich davon erlösen zu wollen. Alles, aber auch wirklich alles, was im außen getan wird ist immer dazu verurteilt auch wieder zu entschwinden, durch Rückzug, durch Trennung oder den Verlust durch Tod. Also egal wem man begegnet, es ist stets für den Moment, auch wenn es derer viele sind, die sich aneinanderreihen, so bleiben es dennoch stets Momente, einer nach dem anderen, solange wie der andere da ist, noch am Leben ist. Ergo keine echte Lösung, keine echte Befreiung aus dem Leiden, kein Ausweg – das Leiden bleibt.

Wie könnte auch ein irdisches Wesen (ein Mensch) die liebe Gottes ersetzen? Es geht einfach nicht, denn es ist des Menschen Schicksal, irgendwann den Körper zu verlassen, respektive zu sterben, um anderweitig neu geboren zu werden. Nur Gott allein währt ewig, ER ist der Einzige, der uns IMMER lieben wird, egal was ist. Und weil wir diese unendliche bedingungslose Liebe weder bei Mensch noch Tier jemals dauerhaft erfahren können, wird uns eine irdische Liebe auch nie vom Leiden befreien können. Der Ruf der Seele nach seinem Ursprung, seiner Ur-Heimat, dem Ur-Zuhause ist unnachgiebig und hallt solange ins Universum, bis er erhört wird, sie, die Seele erlöst ist. DAS ist es, was es wirklich ist, ganz tief in uns!

Wie das Leiden dennoch auf Erden gelindert (beendet) werden kann:

LIEBE – LIEBE – LIEBE

Liebe dich selbst in all deinem Sosein mit ALLEM drum und dran. Sei bei dir selbst und verwöhne dich, hör dir zu und folge dem was du hörst, sei dir selbst die beste Geliebte oder der beste Geliebte, den du dir jemals vorstellen kannst und lebe es. Lebe es – für DICH! Du weißt doch, Gott ist in allem und in jedem – also auch in dir, und da dem so ist, wohnt auch eine bedingungslose Liebe in dir. Sie wartet nur darauf, dass sein zu dürfen, was sie ist – also, lass sie frei, gewähre ihr zu tun, was und wie sie sein will – öffne dein Herz - für DICH und du öffnest es für die ganze Welt – so einfach ist das! Na, ... HALLELUJA ! - - -

Es bedarf keiner unzähligen Kontaktanzeigen, ausgefeilten Internetpräsentationen, sprich die hemmungslose Selbstanpreisung, es braucht keine Scharlatane, die das Glück versprechen und nur dein bestes wollen – dein Geld! Es braucht keine Kurse, keinen Leitfaden, etc., alles, was du tun musst, ist dein Herz zu öffnen. Zieh deine Aktivitäten im außen zurück und geh in dich, zu dir selbst und du wirst dort eine Liebe entdecken, wie du sie draußen nur schwerlich finden wirst. Das Schöne ist doch, hast du sie erst einmal für dich entdeckt und erlaubst ihr zu sein, was sie ist, so kannst du jederzeit darauf zurückgreifen, du hast stets den Schlüssel zur Tür deines Herzens in deiner Hand und wann immer dir danach ist, öffne sie und betritt den Ort der bedingungslosen Liebe. Dort, wo du vollends angenommen wirst. Das kann dir niemals jemand wieder nehmen, du wirst sie für IMMER haben, das Einzige, was du tatsächlich für immer hast!

Ja, und hast du sie nun für dich entdeckt und gelernt mehr und mehr damit zu leben, es dir gut gehen zu lassen, dann bist du auch irgendwann bereit, sie an andere weiterzugeben, andere ebenso bedingungslos zu lieben, ohne jegliche Forderung, keine Gegenleistung, du verströmst sie einfach, weil du du bist und du bist Liebe. Glaube daran und es wird so sein!

Und mal ehrlich, wer wünschte sich dann nicht in deiner Nähe zu sein, bei dir zu sein. Es sind doch nur jene, die diese Liebe noch nicht in sich erweckt haben, sie zulassen oder gar Angst davor haben und jene sind nicht die, mit denen du glücklich werden könntest – doch eines Tages wirst du dann dem einen Menschen begegnen, der bei dir bleibt, nicht weil er dich braucht, sondern weil er ist, wie er ist, wenn er bei dir ist und weil es einfach eine freie Entscheidung ist, jemanden bedingungslos zu lieben – ihn oder sie zur Auserwählten zu machen, ohne wenn und aber – denn wenn beide in ihrer eigenen Liebe gefestigt sind, dann gibt es keine Abhängigkeit zur Liebe des anderen, dann sind beide FREI – aus freiem Willen tun sie sich zusammen, leben und lieben zusammen.

Um nun die Eingangsfrage zu beantworten, ja, es ist ein Leiden der neuen Zeit, denn die neue Zeit hat den Menschen mehr denn je von Gottes Liebe und somit auch von der in sich selbst wohnenden Liebe entfernt, als in all den früheren Jahrhunderten und Jahrtausenden zuvor ... ABER, das kann ja nun jeder für sich selbst ändern. Es muss ja für DICH kein Leiden der neuen Zeit bleiben – denn nun weißt du ja, was zu tun ist und somit schaffst du dir eine neue Zeit, OHNE Leiden ... das wäre doch was oder? Versuchs mal, es kostet nichts und birgt alles in sich ... also auf geht's.

der Traveller
Mai 2008

* * *

Plane nicht so viel, sonst verpasst du womöglich etwas ... nämlich Dein Leben!

Es finden sich zum Thema Zeit-Management viele Angebote, die einem suggerieren, man könne sein Leben, bzw. seine Lebenszeit, von der eh niemand weiß, wie lange sie andauert, doch darüber denkt ja kaum einer nach, planen. Nun dann sage ich dir ganz direkt, führe ein planmäßiges Leben und es wird sein wie es der Begriff sagt: plan, also flach und mäßig.

Ist es das, was du willst? Ein flaches dahin plätscherndes Leben in Mittelmäßigkeit? Nein, warum machst du dir dann Gedanken, wie du dein Leben am besten (ver-)planen kannst? Das ist doch völlig unnötig, denn du weißt doch nie, was im nächsten Moment auf dich zukommen kann oder könnte. Ich meine, wer sein Leben verplant, der hat doch nichts Großartiges mehr zu erwarten, da er ja nur noch seinen Lebensplan abarbeiten muss. Lediglich in der Gestaltung wird sich so jemand „Freiheiten" lassen, also das er sich z.B. zwar ein Auto kaufen will, sich aber die Freiheit nimmt, es auszuwählen in Hersteller, Farbe, etc. Auch bei der Wohnungs- oder Hauswahl lässt er sich gewisse Freiheiten, usw. Wobei ja doch angemerkt werden will, dass viele vermeintliche Wahlfreiheiten oft nur eine Wahl aus bereits bestehenden Angeboten darstellen, selten hingegen eine echte eigene Wahl, denn dazu müsste man ja wissen, wer man wirklich ist und was man tatsächlich will in seinem Leben, bzw. aus seinem Leben machen will. Und schon sind wir bei dem Punkt angelangt, um den es eigentlich geht.

Wer bin ich und was will ich?

Wer nicht weiß, wer er eigentlich ist, greift zu einer der zahlreichen möglichen Alternativen, also zu etlichen Angeboten von "Jemand zu sein", der er zwar nicht wirklich ist, aber sein möchte, weil es ihm so gefällt. Das heißt im Klartext, jemand der sich selbst nicht wahrhaft erkannt hat, ist darauf angewiesen sich eine Scheinidentität zuzulegen. Um dieser Scheinidentität nun Ausdruck oder Geltung zu verschaffen, muss sie auch genau konstruiert werden, sprich jetzt kommt der Zeitplan ins Spiel. Der ausgewählten Scheinidentität wird ein Lebensplan verpasst, mit Meilensteinen und Zielen. Nun kommen all die obskuren Anbieter aus den Löchern und bieten sich feil mit ihren Angeboten von Zeitmanagement, Ziele setzen, Pläne schmieden wie diese zu erreichen sind, keine Zeit ungenutzt lassen, um der Planerfüllung gerecht zu werden. Doch was passiert dabei eigentlich? Was spielt sich da eigentlich ab? Also ich würde mal sagen reichlich wenig, es ist genau wie mit einem Gesellschaftsspiel, das aus dem Schrank geholt wird, auf den Tisch aufgebaut, Figuren verteilen und los geht's. Da sitzen die Menschen dann ein paar Stunden zusammen und spielen ein Spiel, bei dem schon alles außer der Augenzahl der Würfe oder die Zahl des Drehrades vorgegeben ist, wobei ja die Auswahl an Zahlen doch schon vorgegeben ist, also auch hier keine echte Handlungsfreiheit! Wie gesagt, da sitzen sie nun und spielen Stunde um Stunde ein Spiel, das nach Spielende wieder eingepackt wird und in den Schrank kommt. Toll! Was war jetzt eigentlich der Sinn des Ganzen? Das gesellschaftliche Beisammensein? Tiefschürfende Gespräche, die bei Spielen doch nicht stattfinden? Na dann vielleicht kollektives Zeit ausfüllen! Ah! Da kommen wir der Sache vielleicht schon näher. Ich meine, es ist nett mit anderen ein Spielabend zu gestalten, aber es ist nicht erfüllend, nicht bereichernd, es ist flach und manchmal hätte man es sich auch sparen können, ist doch so, oder?

Also, wenn das Spielen von Spielen im wesentlichen keinen tieferen Sinn macht, außer dem des "Zeit tot Schlagens", nennen wir es mal so radikal, dann könnte man es doch eigentlich lassen. Nur zu dumm, dass es oft an einer Alternative hapert, denn alle anderen „Spiele" sind ebenso leer und dienen nur die Zeit totschlagen, sprich es finden genau genommen ständig Wiederholungen statt, es werden andauernd „Spiele" wiederholt, gespielt. Alles im Rahmen der Spielregeln und unter Ausschluss eigenmächtiger Änderungen, denn dann könne man ja das Spiel nicht mehr spielen, wenn einer aus dem Rahmen fällt. Na dämmert es langsam, worum es hier geht? Nein, noch nicht?

Nun, dann muss ich dir wohl auf die Sprünge helfen. Es geht um ein Spiel in einer Größenordnung, die das Fassungsvermögen der meisten Teilnehmer sprengt, obwohl sie fast alle brav mitspielen. Es ist das Spiel „Leben in einer Gesellschaft", dessen Spielregeln von wenigen aufgestellt, doch von Millionen befolgt werden. Begrenzen wir es mal auf ein einziges Spielfeld, unsere „nationale" Gesellschaft, in der wir leben. Dieses Spiel Gesellschaft ist so komplex, dass einer alleine es gar nicht überblicken, geschweige denn erfassen könnte, na ja vielleicht doch einige wenige ... Doch das Gros steckt viel zu sehr mitten drin und ist vollends damit beschäftigt (man beachte das Wort: beschäftigt!) entweder keine Spielregeln zu missachten oder sie zu überwachen oder nach Möglichkeiten zu suchen, sie zu brechen, zu umgehen ohne dabei erwischt zu werden. Doch egal wer was macht, im überwiegenden Fall ist es so, dass einem gewissen Plan gefolgt wird, einem Lebensplan, der ja nichts weiter ist, als ein unter vielen möglichen angenommener Spielplan, mit dem Zweck sich als braver Spielteilnehmer zu erweisen, natürlich ohne sich dessen bewusst zu sein. Ja sicher, niemand will brav und folgsam sein und das tun, was man ihm sagt oder vorgibt, doch seltsamer weise scheint es (nicht nur) hier in unserem Lande zu funktionieren. Brot & Spiele, es funktioniert auch heute noch, besser denn je, denn die Spielmacher haben in Jahrtausenden erheblich dazugelernt und finden in jenen Menschen, die ihr Leben gerne verplanen, die willigsten Teilnehmer!

Na? Wie geht es dir jetzt?

Immer noch überzeugt von deinem(?) Lebensplan, deinen(?) Zielen?

Weißt du, es ist dabei vollkommen egal, ob du

- Arbeiter oder Anwalt
- Bürokraft oder Broker
- Chemiker oder Christ
- Dachdecker oder Doktor
- Elektriker oder Erzbischof
- Frisör oder Finanzminister
- Garderobiere oder Geldwäscher
- Hausierer oder Heiratsschwindler
- Inspektor oder Imker
- Jäger oder Jude
- Kassiererin oder Kommissar
- Lackierer oder Lagerarbeiter
- Medienberater oder Minister
- Neurologe oder Nationalgardist
- Optiker oder Orthopäde
- Polizist oder Prostituierte(r)

- Quäker oder Quacksalber
- Reinigungsfachkraft oder Regierungsrat
- Straßenfeger oder Steuereintreiber
- Tankwart oder Terrorist
- Urologe oder U-Bahnfahrer
- Veterinär oder Vorstandsmitglied
- Wanderprediger oder Wohlfahrtsorganisator
- Xylophonspieler oder Xavierender
- Zugführer oder Zechpreller

werden willst, denn in dem Gesellschaftsspiel ist für jeden etwas dabei, was ihm oder ihr zusagen könnte und wonach willig zugegriffen wird. Einige lassen sich auch ihre Rolle aufdrängen und benutzen dann die Schuldzuweisung als Alibi, wegen Dir ... Weil ich als Kind ... Nur wegen ... usw. Doch egal wie du zu deiner Rolle im Spiel gelangt bist, du bekommst keine Spielfigur, denn die bringst du ja bereits mit. Alles klar soweit?

Du siehst, bei all der Verplanung eines – deines Lebens kommen stets schon Vorlagen zum Einsatz und für jede Spielfigur gibt es sogar individuelle Charaktere, nur halt das sie nicht der wahrhaftigen eigenen Individualität entsprechen, sondern eine Scheinidentität darstellen, sie nur spielen.

Doch was ist mit dem Leben selbst?

Nun, das Leben selbst ist voller Überraschungen und voller Möglichkeiten, die sich einem, die sich dir immer wieder bieten, anbieten, um wahrgenommen und umgesetzt zu werden. Doch leider leider, haben sich so viele schon einer Spielvorlage bedient (ihr Leben verplant), dass ihnen kaum mehr Zeit bleibt für anderes. Sie müssen ja ihren Termin-Plan einhalten, um ihre Ziele zu erreichen und das erlaubt nun mal keine ungeplanten Aufenthalte oder Abweichungen, da ja sonst der ach so wichtige Lebensplan gefährdet wäre und man auf der Strecke bleiben würde in dem Gesellschaftsspiel. Ja, so ist das halt, wenn man sein Leben verplant und sich sozusagen allem anderen verschlossen hat, nicht nur den möglichen spontanen Handlungen, sondern vielfach auch dem Denken, dem anders Denken. Denn was könnte den Spielablauf mehr gefährden, als Gedanken, die das Spiel in Frage stellen würden? Das wäre ja schlimm, au weia, richtig dramatisch!

Da begeben sich die Menschen also auf die Suche oder der Auswahl nach einer für sie angeblich geeigneten (Schein-)Identität, denn sie meinen ja das zu sein, wofür sich entscheiden, anstatt das zu sein, was sie wirklich sind oder besser gesagt sein könnten, wenn sie denn wüssten wer sie wahrhaftig sind. Das heißt, entweder bedient sich der Mensch aus dem reichhaltigen Angebot der Scheinidentitäten oder er macht sich auf, seine wahre eigene Identität zu entdecken, um dann zu sein, was er ist, Ohne sein Leben planen zu müssen, denn dieser Lebensplan wurde bereits von weitaus höherer Stelle geschmiedet, daran gibt es nichts mehr zu ändern, es geht lediglich darum, ihn für sich zu entdecken. Nun könnte man sagen, dass der höhere Lebensplan ja auch eine Vorgabe sei, derer man sich dann bediene. Doch so einfach ist das nicht, denn diese Vorgabe ist keine Vorgabe im herkömmlichen Sinne, denn diese ist tatsächlich auf die wahre Individualität eines jeden einzelnen ausgelegt. Der wesentliche Unterschied dabei ist, dass es bei dem kosmischen Spiel "Mensch auf Erden" um die Entdeckung des wahren Selbst geht und in Folge auch um die eigene evolutionäre Weiterentwicklung der Seele/des Geistes, sowie dadurch auch beitragend zur kollektiven Weiterentwicklung und auf der anderen Seite, also dem Gesellschaftsspiel, geht es um die Unterdrückung dieser möglichen Weiterentwicklung, um das Verharren in rudimentärem Verhalten und somit zur Stagnation des Bewusstseins, es findet ein Verkümmern der geistigen Fähigkeiten und Kräfte statt, was sich z.B. nur zu deutlich in der stetig zunehmenden Abhängigkeit zu den technischen Errungenschaften zeigt. Es gibt Menschen, denen das Berechnen von 12x12 im Kopf schon zu viel abverlangt, sie können es ganz einfach nicht mehr, oder wer hat noch die Telefonnummern seiner wichtigsten Kontakte im Kopf, wer kann sich noch einen Kaffee ohne Maschine zubereiten, wer weiß noch wie ein richtiges Mahl zubereitet wird, ohne Mikrowelle und Aufbackhilfen. Findet heute noch jemand ohne Navi im Auto nach Hause? Oder kennt noch jemand Kamillentee statt Tabletten, weiß noch jemand, dass eine gesunde Ernährung und Lebensweise der beste Schutz vor Erkältungen ist oder glauben inzwischen alle an Oktimel? Ich meine, einerseits lügen uns bekannte Menschen etwas vor und wollen anschließend in Talkshows ernsthaften Fragen nachgehen? Sorry, aber das ist doch ehrlich gesagt ein Scheißspiel, oder? Und dennoch, Millionen spielen es mit, ohne es zu hinterfragen, weil es ihrer Scheinidentität entspricht so zu sein – flach und mittelmäßig! Spielbereit aber nicht einsatzbereit – folgsam aber nicht selbstbestimmt – mitlaufend aber nicht neue Wege beschreitend – hinhörend aber nicht zuhörend – mit sich machen lassen aber nicht selbst agieren – usw. usw. usw.

Wer auch nur ein wenig mehr Bewusstheit ins Spiel bringt, der wird alsbald erkennen, dass dies nicht der Weg sein kann, um ein freies, Selbstbestimmtes und harmonisches Leben zu führen, denn alle Ziele die vorgegeben werden dienen so manchem Zweck, nur nicht der Persönlichkeitsentfaltung, zwar wird auch das vielen vorgegaukelt, ich meine, es gibt Coach und Seminare, Püschologen (echt Püsch und Watte) die genau darauf abzielen selbstsüchtige Wünsche zu stärken und das Ego an der richtigen Stelle zu kitzeln, um ihm seine Gier nach Geltung, Reichtum und Macht mit allen Mitteln ausleben zu lassen. Das ist das Spiel der Gesellschaft, das so viele in Unzufriedenheit, Armut, Depressionen und Gewalttätigkeit treibt. Ist das das Spiel, das wir wirklich wollen? Ist das das Spiel des Lebens? Oder haben wir uns da nicht doch etwas Anderes für uns gedacht, ursprünglich? Vielleicht etwas Ungeplantes, etwas Abenteuerliches, etwas, von dem man nicht weiß, wie es sich weiterentwickeln wird, wohin es einen führen wird, aber von dem man die Gewissheit hat, dass sich es wahrhaft lohnt, es mitzuspielen, das Spiel "Mensch auf Erden". Na, wie wäre das?

Was willst du mit/aus deinem Leben machen,

- es verplanen oder es sich entwickeln lassen?
- unbewusst und unfrei ableben oder selbstbestimmt erleben?
- dich fügen + dahinsiechen oder aufwachen und leben?
- dich mit Schuldzuweisungen rechtfertigen oder selbst die Verantwortung tragen?
- Mittelmäßigkeit aussitzen oder Fülle erleben?
- in ständiger Angst leben oder in Liebe leben und sie auch sein?

Brauchst du noch mehr Fragen? Ich denke nicht, diese sollten reichen, auf, dass du eine Entscheidung treffen kannst. Also du Mensch, werde und sei was du wahrhaftig bist und sein könntest, wenn du nur wolltest, oder mach dir nen Plan und begib dich in Abhängigkeiten, füge dich in das Gesellschaftsspiel und lass dich schon jetzt begraben, denn als Leben kann man das nun wirklich nicht bezeichnen. Tut mir leid, wenn das so hart klingt, obwohl eigentlich tut´s mir nicht leid, denn heutzutage braucht es schon etwas Radikaleres als nur ein wohlgemeintes Wort um einen Menschen wach zu rütteln.

Und? Bist du aufgewacht? Oder schläfst du noch...

der Traveller

Juni 2008

* * *

Hund oder Katze müsste man sein

... nicht, weil eine Katze den ganzen Tag abhängt und die am meisten beanspruchten Muskeln, die der Augenlider sind oder weil ihr (fast) unaufgefordert das Essen vor die Nase gestellt wird ... nein, das ist es nicht.

Ebenso wenig ist es, weil man als Hund viel spielen darf und durch die Parks oder Wälder streifen ... nein, es ist viel subtiler.

Was ich meine ist eine der natürlichsten Bedürfnisse, nicht nur des Menschen, die sich jedoch so selten und so schwierig gestillt sieht. Nicht nur die Schwierigkeit allein, nein, es ist in der Tat sogar so, dass, um es zu bekommen man mitunter zu den Kompliziertesten Aktionen greifen muss oder sich Hürden gegenübersieht, bei denen die olympischen Hürden eher wie Bodenunebenheiten anmuten. Was ich meine? Nun, noch will ich es nicht direkt sagen, aber vielleicht ahnt ja schon der eine oder die andere, was es sein könnte.

Hund und Katze bekommen es, ohne danach fragen zu müssen, und wenn sie darum bitten, dann wird es ihnen nur selten verwehrt. Sie bekommen es sogar dann, obwohl man sie nicht einmal kennt, gleich bei der ersten Begegnung oder auch einfach so im (fast) vorbeigehen. Ist schon erstaunlich wie das funktioniert. Da kommt also so ein Vierbeiner mit Fell daher und bekommt es und zwar alleine schon deswegen, weil dieser Vierbeiner ist, was er ist und wie er ist. Das heißt also, einfach, weil er da ist bekommt er es. Bei Katzen ist es genauso, man braucht sie nur zu erblicken und schon spürt man unwiderstehlich den Drang es ihnen zu geben.

Bei Kindern ist es eigentlich recht unkompliziert, entweder sie mögen einen oder nicht und dann bekommen sie es oder eben nicht. Sie nehmen es auch dankbar an und mit einer Selbstverständlichkeit, die es eigentlich gar nicht in Frage stellt.

Bei Frauen ist das schon anders, denn zum einen fühlen sie sich dabei schnell belästigt, wozu Mann sicherlich eine gewisse Mitverantwortung trägt und zum anderen scheinen immer noch gewisse Doktrinen der Sittlichkeit über ihnen zu schweben. Doch ist man ihnen einmal nähergekommen, so wird es auch nicht leichter, es ihnen zu geben, auch wenn sie sich noch so sehr danach sehnen und sie sich nur zu gerne dem hingeben würden. Nein, das natürlichste Bedürfnis sieht sich auch hierbei allerlei Hindernissen, Schranken im Denken und dem nicht Zulassen können (wollen) dessen, was man/Frau wirklich möchte ausgesetzt, so dass es nicht zum tragen kommt, es sich nicht entfalten kann.

Bei Männern wird's eh ganz kompliziert, denn da scheinen ja gewaltige Blockaden, dessen was gesellschaftlich vertretbar ist, sich in unermessliche Höhen zu schwingen. Bei den „Kerlen" ist oder war es eh schon immer out und bei den „Nicht-Kerlen" eher verpönt. Doch gerade bei den „Nicht-Kerlen" gibt es einige, die es aufgrund ihrer Ausstrahlung sicherlich zulassen würden, wenn sie es in einem geschützten Rahmen/Umfeld abliefe.

Und? Weißt du nun, worum es sich dreht? Ahnst du, was ich mitteilen will?

Es ist das Streicheln und Kuscheln!

Das Bedürfnis nach mitmenschlicher Nähe, völlig unkompliziertes Geben und Empfangen von menschlicher Wärme, so wie es den Kindern bereitwillig gegeben wird und diese es freudig annehmen. Im Umgang mit Kindern ist es das Natürlichste der Welt, wie man so sagt, sie in den Arm zu nehmen, sie zu streicheln oder mit ihnen zu kuscheln. Es wird vielleicht unterschieden zwischen den eigenen Kindern und denen aus der Verwandtschaft oder Bekanntschaft, doch genau genommen besteht da kein so großer Unterschied, denn ob es nun der eigene Sohn, die Tochter oder Neffe, Enkelin, Nachbarskind sowie aus dem Freundeskreis ist, allen wird eine liebevolle Zuwendung zuteil. Diese Zuwendung erhalten die Kinder, ohne gefragt zu werden, denn an ihnen zeigt sich noch am ehesten eine bedingungslose Liebe, die nicht fragt ob ein Kind es "verdient" hätte, nein, ein Kind bekommt sie, einfach, weil es ist was es ist und wie es ist. Nur die "Erwachsenen" tun sich da so unendlich schwer mit, deswegen sag ich ja, Hund oder Katze müsste man sein, dann bekäme man/Frau es auch OHNE darum zu bitten ...

Man stelle sich einmal vor, wie die geistige Welt uns wohl so betrachten möge. Obwohl, es reicht schon aus, mit einem fühlenden Herzen sich umzuschauen. Ich meine, wie weit sind die Menschen heutzutage von ihrer Natürlichkeit der Zuwendung, des menschlichen füreinander Daseins entfernt, dass sie im 21. Jahrhundert auf organisierte Kuschelabende zurückgreifen müssen, um überhaupt noch berührt zu werden, in den Genuss des Kuschelns zu kommen. Das ist doch nicht nur traurig, es ist auch beschämend für die Menschen in den zivilisierten Industrienationen. Was haben sie nicht alles an Errungenschaften hervorgebracht, um sich das Leben so angenehm wie möglich zu gestalten und dennoch fehlt es ihnen am notwendigsten – an menschlicher Nähe! Absurd, da versucht der zivilisierte Mensch die "unterentwickelten" Völker in sein Industriezeitalter zu integrieren und merkt gar nicht, dass er selbst der Unterentwickelte ist.

Die Menschen sind zu den grausigsten Taten fähig geworden, bzw. haben sich durch geschickte Manipulation verführen lassen, anderen unsagbaren Schmerz zuzufügen, bis hin zum gegenseitigen

Töten, was der wahren Natur des Menschen widerspricht. Im Menschen ist etwas angelegt, dass ihn daran hindern soll Seinesgleichen zu töten. Deswegen bedarf es raffiniert ausgeklügelter Manipulation und Gehirnwäsche, um diesen Mechanismus außer Kraft zu setzen. Denn der Mensch ist von Natur aus keine Tötungsmaschine, die in Massen in den Krieg geschickt werden kann. Er muss erst darauf vorbereitet werden, Seinesgleichen zu töten, nur, weil man es ihm sagt oder befiehlt. Es gibt zahlreiche Untersuchungen und Berichte, die genau das belegen, indem sie aufweisen, dass der Mensch erst durch massiven Eingriff dazu gedrillt werden muss, ehe er fähig, ist einen anderen Menschen zu töten. Doch genug davon.

Kuschelabende

Ich selbst erinnere mich noch gerne an eine Zeit in den frühen 70er Jahren, als wir uns regelmäßig trafen, um gemeinsam Tee zu trinken und Musik zu hören (Neil Young/Santana/Earth, Wind & Fire /Supertramp, etc.). Zunächst gab es Gespräche untereinander und später sind wir dazu übergegangen uns einfach der Musik hinzugeben, ihren sanften Klängen zu lauschen und den Duft der Räucherstäbchen wahrzunehmen. Dabei war es für uns völlig unkompliziert, dass wir Kreuz & Quer auf den Kissen lagen und uns einfach berührten + kuschelten, einfach so, weil es uns guttat und wir uns dabei wohl fühlten. Es gab keine gesellschaftlichen Barrieren, von wegen, man müsse mit jemandem "Zusammensein", um zu Kuscheln. Ich rede hier nicht von Gruppensex, das gab es nie, war auch nie die Absicht oder das Verlangen, nein, einfach das mitmenschliche Zusammensein.

Gibt es so etwas heute noch? Oder bedarf es tatsächlich organisierter Kuschelabende, um sich in seinem Mensch-Sein selbst zu erfahren. Wo ist die Natürlichkeit des füreinander Daseins geblieben? Ist sie dem technischen Fortschritt zum Opfer gefallen? Wie frei ist der heutige Mensch eigentlich in der Auslebung seiner wahren Bedürfnisse und auch oder gerade dem unkomplizierten Annehmen von Zuwendung, von Zärtlichkeit und Nähe? Sicher, an jeder Ecke prangen uns blanke Busen von den Werbetafeln, die Zeitschriften sind voll davon und im TV geht's gleich richtig zur Sache – doch all das spricht nur die Triebhaftigkeit an, wobei jedoch das wahre Menschsein völlig auf der Strecke bleibt. Ich meine, die echte Empfindungsfähigkeit ist doch völlig verloren gegangen, wenn es nur noch ums "Rammeln" geht, sorry, aber anders kann man es nicht bezeichnen.

Dabei erlebe ich immer wieder, wie sehr es die Menschen nach echter Nähe und wohlwollender liebevoller Zuwendung dürstet, einfach das in den Arm genommen werden, gestreichelt zu werden. Es tut mir mitunter sogar selbst weh, wenn ich Menschen sehe, sie direkt erlebe und ihr Wunsch nach Zärtlichkeit, nach gestreichelt werden so deutlich zu Tage tritt und sie dennoch nicht fähig sind, es anzunehmen. Sie sehnen sich so sehr danach, dass sie gar schreien könnten und dennoch verwehren sie es sich selbst, wenn es ihnen begegnet, sprich, wenn das Leben ihnen diese ersehnte Zuwendung anbietet. Ich habe dann manchmal das Gefühl, dass sie schon so sehr in Ihrer Sehnsucht gefangen sind, dass sie dieses "Angebot", welches ihnen das Leben schenkt, wenn man so will, was ihnen Gott schenkt, weder erkennen, noch annehmen können. Gefangene ihres Selbst, verursacht durch den Gedanken, dass es anscheinend nur noch die Sehnsucht selbst gäbe, derer man/Frau völlig erlegen ist, aber nicht mehr an deren Erfüllung glauben. Ist es so, dass die Menschen nicht mehr daran glauben geliebt zu werden, oder ist es so, dass das Leben in einer Industrienation den Nicht-Glauben an Gott und seiner bedingungslosen Liebe zum Preis hat? Wenn ja, dann ist das ein verdammt hoher Preis für die relativ unbedeutenden Annehmlichkeiten, gegenüber dem Mangel an menschlicher Zuwendung.

Jeden Tag sehe + erlebe ich Menschen, denen mir ihre Sehnsucht nach Liebe, nach Zuwendung + menschlicher Nähe förmlich entgegen springt. Und bei jedem bin ich geneigt, sie ihm/ihr zu geben, doch noch ehe man nahe genug ist, bäumen sich schon Abwehrhaltung und Nicht-Annehmen können auf, also bleibt in den meisten Fällen nur das freundliche Wort, die aufheiternde Kommunikation. Denn wenn ich das Lächeln im Gesicht des anderen sehe, dann weiß ich, es hat ihnen gutgetan, sie brauchten es, haben sich danach gesehnt und sie nehmen es nun ein Stück weit mit. Gerade dieses Lächeln oder gar Lachen kommt oft auch befreiend herüber. Gerade heute war es wieder sehr prägnant im Bioladen zu erleben/beobachten. Da saß eine Frau an der Kasse und hat mit einer eher gleichgültigen Mine einen nach dem anderen abgefertigt. Als ich dann endlich dran war, wurde ich freudig begrüßt (zugegeben, man kennt mich dort schon), dennoch bin ich stets bedacht nie das Gleiche zusagen, sondern stets im Fluss des Lebens zu bleiben, also der jeweiligen Energie zu folgen oder ihr zu entsprechen und es ist jedes Mal eine Wohltat zu sehen, wie freudig dann die Kassiererin die nächsten Kunden "abfertigt" ... auch am Backwarenstand war es so. Die junge Frau fertigte recht lustlos die Kunden ab, sie schien müde und abgespannt zu sein, ihre Handgriffe zu Brötchen und Cafemaschine waren eher schleppend und alles schrie danach, bloß weg hier, wann ist endlich Feierabend. So waren meine ersten Worte: "Grüß Dich, na Du, Du brauchst wohl Urlaub, he?" ... sie lächelte, es war nicht einfach nur so ein Lächeln, sondern schon eher ein befreiendes Lächeln ... es war schön anzusehen! Und sie sagte: "Hm, eigentlich nicht, warum, sehe ich so aus?" – Ja, sagte ich und gab meine Wünsche auf. Während sie die Brötchen in eine Tüte packte und den Betrag abkassierte, trug sie ein angenehmes Lächeln im Gesicht. Doch schon kurz nach dem Abkassieren entschwand das Lächeln...

Zeigt das nicht recht deutlich, wie eingespannt die Menschen so sind? Wie wenig Aufmerksamkeit sie sich selbst entgegenbringen und stattdessen mehr darauf bedacht sind zu funktionieren? Irgendwie hat es den Anschein, als lebten sie mit einer gewissen selbstverständlichen Unzufriedenheit, oder Unwohlsein und müssten bei all dem dennoch ihren Dienst einigermaßen versehen, nur um sich dann nach Feierabend müde und zermürbt nach Hause zu schleppen, wo sie in vielen Fällen entweder Einsamkeit oder gewöhnliche Routine erwartet. Obwohl sie in Beziehungen leben, die Ihnen ja eigentlich geben sollten, wonach es ihnen dürstet, um ihre Bedürfnisse zu stillen, sind sie dennoch unzufrieden, mehr noch, sie sind sogar unglücklich und erleben lähmende unerfüllte Mittelmäßigkeit. Wäre dem nicht so, dann würden sie doch in Freude ihren Dienst versehen, alleine schon die Vor-Freude, abends dem Lebens-Partner wieder nahe zu sein. Doch dann fragt sich, wie nahe sind die Menschen sich, obwohl sie zusammenleben. Wie viel Zuwendung erhalten sie, wie viel Zärtlichkeiten, Kuscheln, Verwöhnen, auf einander eingehen, etc. ... welches Maß an Liebe bekommen sie? Bekommen sie überhaupt Liebe?

Und nun wird man auch eher verstehen, warum es anscheinend besser ist ein Hund oder eine Katze zu sein. Traurig, aber wahr. Doch es müsste nicht so sein, es könnte auch anders sein, nämlich so, dass Hund UND Mensch bekommen, wonach ihnen verlangt ... das Katze UND Mensch gestreichelt werden ... Die Herzen der Tiere brauchen nicht geöffnet zu werden, sie sind es schon, wohl aber die der Menschen, besonders der so gern Empfangenden, der Sehnsüchtigen, jene sollten ihre Herzen öffnen, auf dass die Augen sehen und erkennen, wo ihnen echte Liebe entgegengebracht wird und sie diese bekommen können. Mut und Vertrauen sollten ihre Begleiter sein, nicht aber Zweifel und Resignation. Denn dann wäre es wirklich besser ein Hund oder eine Katze zu sein, um zu bekommen, wonach ein lebendiges fühlendes Wesen sich sehnt. Nach liebevoller Annahme und Zuwendung, einfach so, weil sie sind, weil es sie gibt!

In Liebe den Ungestreichelten, den Sehnsuchtsvollen und sich dennoch Hoffnung bewahrenden, denen, die ein liebend Herz in sich tragen und derer selbst so sehr vermissen, denn auch die unendliche Liebe Gottes vermag nicht die Sehnsucht des Körpers zu stillen, wohl aber die des Geistes und der Seele. Doch unser irdisches Dasein sind Geist, Seele UND Körper!

      der Traveller   Juli 2008

Licht oder Schatten

Unsere tiefen Abgründe, die Schattenseiten sind zumeist ein wohl gehütetes Geheimnis, nicht nur anderen gegenüber, oft genug auch uns selbst gegenüber.

Manchmal haben mich die Gedanken meiner Schattenseite erschaudern lassen, dass ich überhaupt fähig bin solch unschöne Gedanken zu hegen. Doch sind es wirklich selbst erzeugte Gedanken? Ich meine, es sind so Momente, während derer es mir ganz gut geht und auf einmal drängen sich Gedanken/Bilder aus der Schattenwelt auf. Sie erscheinen unaufgefordert und sind ganz plötzlich präsent. Was will mir das sagen? Ich glaube, es geht vornehmlich darum sie anzuerkennen, zu akzeptieren, dass es sie gibt und sie anzunehmen. Was nun nicht bedeutet sie auch auszuleben, bzw. gar umzusetzen, was ich durchaus könnte, doch widerspräche es meinem tiefsten Innern, dem Frieden, der Harmonie und der Liebe in mir. Deshalb erschrak ich beim auftauchen solcher Gedankenbilder.

Wenn du nun auch vor deinen Schattenbildern erschreckst, dann ist das doch ein gutes Zeichen, welches dir zeigt, wo du stehst, wie es wirklich tief im innern in dir aussieht. Sicher gibt es Situationen oder auch Medienberichte, die einen zu vorschnellen Reaktionen verleiten, sprich sie wecken die Schattenseiten in uns. So erging es mir früher auch, während ich einen Bericht über Tiermisshandlungen las, wollte ich am liebsten aufstehen und mich auf den Weg machen, um den Übeltätern Einhalt zu gebieten, notfalls auch mit Gewalt. Doch wem dient das letztlich? Es dient NUR dem Schatten und nicht dem Licht. Indem ich den Schatten bekämpft hätte, hätte ich ihm nur mehr Macht, mehr Energie zukommen lassen, aber ich hätte nichts geändert, denn für jeden Übeltäter, den ich „beseitigt" hätte, stünden schon weitere neue hinter ihm. Gewalt kann niemals mit Gewalt bekämpft werden, es erzeugt nur noch mehr Gewalt.

Doch zurück zu uns selbst und unseren Schattenseiten. Nach außen wollen wir gerne ein gutes Bild von uns abgeben und auch vor uns selbst möchten wir als gut dastehen, wenn wir in den Spiegel schauen. Jedoch ist es mitunter mit Anstrengungen verbunden, wenn es darum geht unsere Schattenseiten zu verbergen. Was wäre es gar schlimm, wenn andere um unsere dunklen Seiten wüssten. Nun, ich sage dir etwas, sie wissen es! Oder denkst du wirklich, du wärst der einzige Mensch mit Schattenseiten? Irrtum, wir alle sind Licht und Schatten gleichermaßen, es kommt lediglich darauf an, welche Seite wir ausleben. Beide Seiten haben einen gewissen Hunger, einen Durst nach Beachtung, der gestillt werden will. Doch wir entscheiden in jedem Moment für uns selbst, welcher Seite wir Nahrung geben. Es ist eine Entscheidung der eigenen Bewusstheit, die uns entweder dem Licht oder dem Schatten Nahrung geben lässt. Es scheint jedoch so zu sein, dass es leichter fällt, dem Schatten Nahrung zu geben und das Licht verhungern zu lassen. Das dem so ist, erkennen wir an dem Zustand der Welt und wie die Menschen mit ihren Mitmenschen und Mitlebewesen umgehen. Es ist eigentlich auch kein Wunder, denn die Meinungsmacher der Medienmaschinerie verstehen es nur zu gut den Hunger des Schattens zu schüren und die traurige Tatsache ist, das viele dem nur zu gern nachgeben, indem sie ihrer Schattenseite Nahrung geben und ihren Frust, ihren Schmerz und Ärger in Aggressionen umsetzen, wobei etliche meinen, es würde sie befreien. Pah, so ein Unsinn, denn der Schatten ist äußerst gierig und verlangt nach mehr, es gibt keine Befreiung außer der des Entzugs. Dem Entzug geht die Bewusstwerdung voraus, denn ohne ist ein Entzug nur kurzfristig und bei der ersten Gelegenheit erfolgt der Rückfall.

Früher war ich auch vorschnell mit meinen Entscheidungen, bzw. Urteilen und habe dem Schatten viel Nahrung gegeben, doch das konnte nur geschehen, weil ich noch kein Bewusstsein dafür hatte, das auch Übeltäter Menschen sind, Lebewesen mit Gefühlen, die ihre eigene Geschichte haben. Und mal ganz ehrlich, in wie viel Fällen geht es wirklich um ausgleichende Gerechtigkeit? In den wenigsten, denn Fakt ist, dass es beim Ausleben der Schattenseiten weniger um Gerechtigkeit geht als vielmehr darum seinen Schatten ungezügelt ausleben zu können. Grauenhafte Ereignisse während eines Krieges können dies bestätigen. Nirgends sonst, als in Kriegsgebieten werden die schlimmsten Seiten des menschlichen Schattens zum Vorschein gebracht.

Schließlich war es ein langer Weg zum Licht. Im Laufe vieler Jahre hat sich immer mehr ein Bewusstsein entwickelt, welches die Dinge in immer größerem Zusammenhang erkennen ließ, doch einer der bedeutsamsten Entscheidungen war es, sich für das Licht zu entscheiden. Nicht weil es einfach nur heller war, sondern weil es keinen anderen Weg zum Frieden gibt, als selbst Friede zu sein, mehr noch, Liebe sein, Liebe leben. Ich hätte mich ja auch für einen Weg der Gewalt, der Machtgier entscheiden können, doch sie führen zu keinem dauerhaften Ziel. Jede Form von gewaltsamer Macht wird früher oder später in sich zusammenbrechen, weil sie keine eigene Substanz hat. Anders ausgedrückt, das Licht braucht keinen Schatten um Licht zu sein, der Schatten aber braucht das Licht, aus dem er gekommen ist. Mit dieser Erkenntnis fiel es leicht sich für das Licht zu entscheiden, denn ein Schattendasein ist mit fortwährendem Kampf verbunden, wohingegen das Licht, bzw. der Frieden und die Liebe nur bewahrt werden müssen. Und das ist bei weitem weniger anstrengend. Im Kampf gibt es immer nur Feinde, im Bewahren stets Verbündete. Ergo verbünde ich mich doch lieber als mich zu verfeinden.

Licht oder Schatten? Für mich schon lange keine frage mehr und für Dich?

In Liebe

der Traveller
August 2010

* * *

Wenn jemand von deinem Lächeln lebt

Es mag wohl keine Studie vorliegen, wie viele Menschen in Einsamkeit leben und nur wenige geben dies offen zu, doch bin ich mir sicher, dass es viele sind, mehr als so manch einer denken mag.

Zunächst kommen einem vielleicht Rentner in den Sinn, die ihren Lebenspartner überlebt haben. Dann kämen vielleicht die Obdachlosen und in Armut lebenden und nicht zu vergessen, die Schar der ungewollten Singles. Doch damit nicht genug, denn es finden sich auch viele Menschen in allen Altersgruppen, die auch einsam sind, selbst Jugendliche fühlen sich oft einsam, trotz zahlreicher Bekanntschaften. Mag es auch wie ein Paradoxon klingen, doch wir wissen aus Erfahrung, dass Quantität nicht gleich Qualität ist. Man kann von vielen Menschen umgeben sein und sich dennoch einsam fühlen. Nun, was (fast) allen gemein ist, ist die Reaktion, wenn sie freundlich angelächelt werden, wobei ich nicht das aufgesetzte Lächeln meine, sondern ein echtes warmes Herzlächeln. Gehörst du zu jenen, die ein solches Herzlächeln auch erkennen? Ich frage deshalb, weil es Menschen gibt, die gefühlsmäßig so zu sind, dass sie gar nicht mehr unterscheiden können zwischen einem Herzlächeln und einem Höflichkeitslächeln oder Verkaufsfördernden Lächeln. Jene sind wirklich zu bedauern, da ihnen etwas entgeht, und zwar das belebende Gefühl von einem wahrhaftigen Menschen angelächelt zu werden.

Kennst du das Gefühl der Einsamkeit? Ich meine, sich irgendwie verloren oder gar ungeliebt zu fühlen? Es ist ein äußerst unangenehmes Gefühl, zumal jene, die es erleben oft denken, das es nicht mehr aufhört und man sich ständig so fühlt. Wie mag es sich wohl anfühlen, jeden Tag damit leben zu müssen? Jeden Tag aufzustehen und sich diesem Gefühl zu stellen, es als ständigen Begleiter mit sich herumzutragen. Schlimmsten Falls hat man sich schon so daran gewöhnt, dass man alsbald gar nichts anderes mehr kennt. Erinnerungen an ein freundliches Lächeln verblassen im Nebel der Einsamkeit und lösen sich auf wie Rauch im Wind. Kein schönes Leben und so fragt sich manch einer, ist das überhaupt noch ein Leben? Man erhält sich zwar am Leben, durch seine täglichen Mahlzeiten, doch wenn sich dann noch der Geschmackssinn zurückgezogen hat, dann kommt etwas Anderes zum Vorschein, das Gefühl des nur noch Existierens. Brot und Wasser sind halt nicht alles zum (Über-)Leben. Und so kann einem ein ehrliches warmes Herzlächeln tatsächlich als „Nahrung" dienen. Es ist wie ein Schluck Wasser nach einem Marsch durch eine öde und trockene Wüste, der einem wieder Kraft gibt weiterzulaufen. Man kann sich leer und ausgedörrt fühlen, doch nach dem man in ein lächelndes Gesicht geschaut hat, ist die Leere ausgefüllt mit einem wohligen Gefühl. Es ist wie Sonnenwärme „tanken", es durchströmt den ganzen Körper und mit einem tiefen Atemzug bedankt man sich für dieses wunderbare Gefühl des Lebendigseins. Die Wärme der Sonne bekommen wir geschenkt und so ist auch ein warmes zugewandtes Lächeln ein Geschenk. Die beste Überraschung bereiten uns ja immer die unerwarteten Geschenke, so auch die des Lächelns. Immer dann, wenn man gar nicht daran denkt, bekommt man solch ein Geschenk des Lebens. Wobei das Leben schon seltsam ist, also es scheint, als ließe es sich manchmal Zeit mit dem Geschenk eines Lächelns, so als würde es darauf warten, wie lange man aus eigener Kraft gehen kann. Doch dann, im letzten Moment offenbart das Leben seine Liebe zu dir und gibt dir wieder Kraft, indem es dir einen Menschen schickt, der dir genau zur rechten Zeit ein warmes, wenn nicht gar liebevolles Lächeln schenkt.

Auf diese Weise hat solch liebevolles oder mitfühlendes Lächeln schon unzählige Leben gerettet. Das glaubst du nicht? Oh, dann lass dir doch mal Geschichten erzählen von Menschen, die Schluss machen wollten und „nur" durch ein Lächeln davon abgehalten wurden, weil sie dann auf einmal den Impuls der Hoffnung spürten und sich sagten, dass es doch wert sei, das Leben weiterzuleben. Oder jemand ist drauf und dran einem anderen Mal so richtig die Meinung zu sagen, voller Zorn prescht er durch die Straßen und hat nur diesen Gedanken im Kopf, doch dann in einem ruhigen Moment erfährt er die Wärme eines Lächelns und besinnt sich darauf, dass Verzeihen und Liebe das Größere ist. Woraufhin er dann auch ablässt von seinem Vorhaben. Doch selbst wenn jemand sich nur in einer Missstimmung befindet, so kann ein Lächeln seinen Tag doch noch wandeln und retten. Es gibt so vieles was durch ein unverhofftes Lächeln zum besseren gewandelt werden kann. Ergo sollte man nicht damit sparen, einem anderen, auch und gerade einem fremden Menschen ein mitfühlendes Lächeln zu schenken, nicht nur, weil es irgendwann zu uns zurückkommt, sondern weil man sich selbst dabei unsagbar wohl fühlt. Ein Lächeln schenken, um Freude zu bereiten im Herzen eines anderen. Was kann es schöneres geben, es kostet nichts außer ein paar Gesichtsmuskeln in Anspruch zu nehmen und bringt doch ungeahnt viel für andere. Es kann sogar Leben retten, denn es gibt Menschen, die leben von deinem Lächeln.

In Liebe

der Traveller
November 2010

* * *

Die Firewall im Menschen

Die Firewall schützt den PC vor destruktiven Programmen, wie Viren, Trojaner und Spyware. Im Computerzeitalter wissen viele Anwender/User ihren PC zu schützen. Das liegt daran, dass ihnen die Technik, bzw. die Programmabläufe der Viren, Trojaner und Spyware bekannt sind. Auch wenn es sich um virtuelle Abläufe handelt, so sind doch deren Auswirkungen sichtbar, wenn z.B. der PC abstürzt (wo mag er dann wohl hinfallen?) oder Dateien verändert werden, bis hin zur Kontrolle von Außen. All dies ist irgendwie nachvollziehbar, wenn auch nicht greifbar, weil eben virtuell, dennoch mit den Sinnen erfassbar, sprich man sieht es auf dem Monitor.

Nun zum Menschen und seiner Firewall. Die Frage, die sich stellt ist, wovor soll mich die Firewall schützen? Nun, genau wie bei einem PC vor destruktiven Programmen, in diesem Fall vor destruktiven Energien, Gedankenenergien.

Dein Bewusstsein fungiert auch als Firewall indem es bestimmte Tore/Ports öffnet oder schließt. Was meint das nun genau? Ganz einfach, die Ausrichtung deines Bewusstseins ist ausschlaggebend für die Tore, die entweder geöffnet sind oder verschlossen. Gedanken sind Energie und diese Energie existiert im feinstofflichen Bereich, dem Metaphysischen. Die Forschungen von Masaru Emoto haben unzweifelhaft bewiesen, wie Gedanken die

Molekühlstruktur von Wasser beeinflussen können (z.B. in „Bleep – What the Bleep do we (k)now?"). Das Gehirn, bzw. unser Bewusstsein sendet und empfängt ständig diese Energien, Gedankenenergien. Während du z.B. mit jemandem kommunizierst, schwingt auch die Energie deines Herzens mit. Wenn du dich selbst in einer liebenden Haltung befindest, so schwingt diese Liebe bei jedem deiner Worte mit und sie kommt auch bei dem anderen an. Es ist wie mit dem Wind, der jeweils die Energie mit sich führt, worüber er hinwegweht. Streicht der Wind über einen heißen Strand, so trägt er dessen Wärme mit sich, streicht er über einen zugefrorenen See, so trägt er die Kälte mit sich.

Gedankenenergie verändert das Bewusstsein und auch die Zellen. Man kann sich im wahrsten Sinne krank oder gesund denken. Ohne Einwirkung von außen können Gedanken, bzw. Gedankenenergie etwas im Körper bewirken und das ruft dann eine entsprechende Reaktion hervor. Was aber, wenn Gedankenenergie von außen auf uns einströmt? Es ist dasselbe Prinzip von Ursache und Wirkung. Wir wissen wie leicht gerade Kinder manipulierbar sind, indem man ihnen bestimmte Gedanken „einpflanzt". Ein Kind dem der Gedanke eingegeben wird, dass Menschen mit abgetragener Kleidung arme Menschen sind, wird diesen Gedanken nur schwer löschen können, weil er tief einprogrammiert ist. Erst seine Firewall oder eine Antivirensoftware vermag es diesen Gedanken zu verbannen, bzw. zu ersetzen. Das Kind könnte nun sein Bewusstsein erweitern und dabei lernen, dass Kleidung nur eine Verpackung ist, die noch nichts über den sozialen Status oder sein Vermögen aussagt. Hat dieser neue Gedanke sich nun im Bewusstsein etabliert, so wird er andere Gedanken, die dem widersprechen, filtern und nicht mehr ins Bewusstsein lassen. Damit wäre mal auf einfache Weise erklärt, wie unsere Firewall funktioniert.

Begeben wir uns nun tiefer in den metaphysischen Bereich. Wo Computer sind, da sind auch Programmierer. Programmierer haben die Aufgabe Abläufe in Maschinensprache umzusetzen, so dass der Computer mittels Software das macht, was man von ihm will. So ähnlich verhält es sich mit dem Menschen. Nun ist der Mensch zwar kein Computer im herkömmlichen Sinne, doch, wenn man einmal genau darüber nachdenkt, dann versuchen die Wissenschaftler seit langem schon menschliche Roboter zu entwickeln. So gesehen ist der Mensch bereits eine bisher unerreichte Entwicklungsstufe. Damit meine ich, dass die Funktionalität und das Zusammenspiel der einzelnen Komponenten perfekt aufeinander abgestimmt sind und in hervorragender Weise im interdisziplinären Dialog miteinander stehen. Ohne dass der Mensch sich Gedanken darübermachen müsste, was alles nötig ist, um die Verdauung von aufgenommener Nahrung in die Wege zu leiten, funktioniert sie dennoch reibungslos. Körpertemperatur, Atmung, Herzschlagfrequenz, Zellerneuerung und vieles mehr werden sozusagen automatisch im Hintergrund durchgeführt, während sich der Mensch mit seinem Bewusstsein anderen Dingen widmen kann. Oder nehmen wir die menschliche Hand, deren unzählige Möglichkeiten an Greifbewegungen bis heute nicht von Robotern nachgeahmt werden kann, denn deren Gelenke sind noch viel zu steif, als das sie solch simple Tätigkeit wie einen Knopf annähen ausführen könnten.

Zurück auf den Computer bezogen wurde der Mensch mit einer Firewall ausgestattet, die er sich selbst programmieren kann. Je nach Ausrichtung des Bewusstseins bleiben einige Tore offen und andere werden verschlossen.

Bei unserer Firewall, bzw. dem Bewusstsein greift das Gesetz der Anziehung, wonach Gleiches von Gleichem angezogen wird, man könnte auch sagen, dass es eine Art Sogwirkung ist. Es funktioniert folgendermaßen, und zwar immer dann, wenn du etwas wissen möchtest oder dich für etwas Bestimmtes interessierst, erzeugst du eine Art Sog, der genau das anzieht, was dem entspricht wodurch der Sog erzeugt wurde. Man könnte sagen es wird ein Vakuum erzeugt, das mit den entsprechenden Energien gefüllt wird. Beispielsweise möchtest du mehr über ein bestimmtes Thema wissen, dann werden genau die Energien angezogen, die den Wissensdurst befriedigen, du kennst es, wenn dir auf einmal ganz unverhofft Menschen begegnen, die dir antworten geben können oder dir fällt ein Buch zu dem Thema zu. Der gewöhnliche Mensch würde sagen, es seien Zufälle, doch die gibt es nicht, alles entspricht dem Gesetz von Ursache und Wirkung. In diesem Fall werden also Tore geöffnet, die es zulassen, dass bestimmte Energien Eingang finden. Soweit klar? Schön, d.h., du hast dich für diese Energien geöffnet und damit eine Einladung verkündet, dem bestimmte Energien folgen. Das Buch oder der Mensch, der dir begegnet ist die Manifestation der Energie, die schon lange vorher wirksam war, bevor die Begegnung stattfindet, oder das Buch dir zufällt.

Ich denke, nun hast du genug Input bekommen, um deine Firewall bewusst einzusetzen. Immer wenn etwas, bzw. eine Energie in Form von Gedanken oder Impulsen sich bei dir einnisten will, dann nutze die Firewall mit der Frage: Will ich das zulassen oder nicht?

Manche Programme fragen sogar nach, ob der Zugang nur jetzt gesperrt werden soll oder dauerhaft. Ist doch eine recht wirksame Einrichtung, unsere Firewall, nicht wahr! Also, nutze sie bewusst und du wirst erstaunliche Veränderungen erleben.

der Traveller
Oktober 2010

ERKENNTNISSE

Spirituelle Entwicklung als Akt der Liebe

Wenn wir uns einmal entschieden haben spirituell reifen wollen, dann werden wir zunehmend feststellen, dass wir immer mehr Verantwortung für unser Tun übernehmen. Es wird uns gar zu einer freudigen Pflicht, Selbstverantwortung zu tragen. In der Erkenntnis, dass wir für alles selbst verantwortlich sind, handeln wir auch dementsprechend. Es ist uns nicht mehr einerlei, was um uns herum oder mit anderen geschieht, geschweige denn mit uns. Wir greifen nunmehr aktiv ins Geschehen ein und geben ihm eine positive Richtung, eine liebevolle Richtung. Ebenso wird unser Tun nicht mehr geprägt sein vom selbstsüchtigen Ego, vielmehr erfreuen wir uns an der Freude, die anderen durch unser Tun oder Handeln zuteilwird. Wir werden durstig nach der Freude und dem Wohlbefinden, das sich im Ausdruck des anderen zeigt. Wenn wir zum Beispiel ein Tier streicheln und uns bewusstwird, wie schön dies für das Tier ist, wie wohl es ihm tut, so entsteht in uns selbst ein Wohlgefühl das nicht unser Ego befriedigt, sondern unser Herz, unser ganzes Sein. Indem wir anderen in Liebe zugewandt sind, wird sie auch uns selbst zuteil. Sie fließt durch uns hindurch, gespeist aus dem ewigen Quell, der Liebe ist. Du kannst es auch Gott nennen, dass Selbst oder wie immer du magst. Die Quelle, das Selbst haftet nicht an Namen, Liebe IST. Somit ist spirituelles Wachsen ein Akt der Liebe, welche unser Denken und Handeln quasi übernimmt.

der Traveller

Januar 2000

* * *

Re-Aktionen

In den meisten Fällen besteht unser Handeln eher aus einer Reaktion statt einer Aktion. Wir neigen dazu auf Menschen, Umwelt und Geschehnisse automatisch zu reagieren, ohne die Phase der Überlegung wirklich zu nutzen. Somit scheint das Verhalten anderer Menschen also eine Art Richtschnur für unser eigenes Verhalten zu sein. Aber jede Reaktion von uns vollzieht sich in drei Phasen:

- zuerst erleben wir das Verhalten des oder der Anderen
- darauf folgt die Phase des Überlegens
- und dann folgt unsere Reaktion

Die wichtige Phase ist die Mittlere, die der Entscheidung! Denn beim Überlegen haben wir die Möglichkeit einer freien Entscheidung. Dies kann aber nur dann fruchten, wenn unser Gemüt in Ordnung ist, wenn wir also ausgeglichen sind und die innere Ruhe bewahren. Aus diesem Zustand heraus können wir die Situation wesentlich freier, objektiver erfassen, was uns die verschiedenen Möglichkeiten aufzeigt und für eine von Ihnen werden wir uns entscheiden. Jedoch wird uns diese Überlegung, die Entscheidungsfreiheit genommen, so denken wir jedenfalls, da ja der andere uns erst dazu gebracht hat auf die eine oder andere Weise zu reagieren. Hierin liegt eine indirekte Schuldzuweisung verborgen! "Ja aber ich habe doch nur, weil Du... ". Wenn wir nun aber die Phase der Überlegung nutzen und unsere Entscheidung getroffen haben, so übernehmen wir auch die Verantwortung für unser Handeln und das stärkt unser Selbstwertgefühl! In einer wohl überdachten Handlung steckt das Ergebnis aus Erleben, Umsetzen und Innenschau. Dies ist ein wesentlicher Schritt zur Selbsterkenntnis. So lernen wir uns wirklich kennen, indem wir unseren Gefühlen auf den Grund gehen. Wir reagieren nicht "blind", sondern sehen und begreifen was ist. Und das ist ein großer Unterschied.

Du wirst überrascht sein, wie angenehm es ist, wohlüberlegt zu Handeln, statt automatisch zu reagieren. Du fühlst dich wesentlich entspannter und selbstbewusster. Achte bei der nächsten kleinen oder großen Auseinandersetzung einmal darauf. Ob nun im Verkehr, im Supermarkt oder auch und gerade in der eigenen Familie, der Partnerschaft. Viele Liebesbeziehungen haben darunter zu leiden, dass die Reibereien eher einem Wechselspiel von Reaktionen und Gegenreaktionen statt dem wohlwollenden Handeln ähneln. Also:

Verhalten beobachten

Erfassen und Überlegen,

zur eigenen Entscheidung stehen und

dann erst handeln.

                der Traveller
                                    April 2000

                  * * *

Über die Hürde zur Menschwerdung

Solange wir die gierigen Bedürfnisse des Egos befriedigen und somit der Selbstsucht nachgeben, solange sind wir gleichsam tot. Wir denken, handeln und tun so, als wüssten wir um unser Selbst Bescheid und erkennen nicht, dass wir uns nur etwas vormachen. Und dies geschieht aus einem einzigen Grund - der Angst sich selbst zu verwirklichen, der Mensch zu werden, der wir sind, der wir sein könnten. Angst sich anderen offen zu zeigen und zu entblößen. Angst nicht einer fragwürdigen Norm der Gesellschaft und des eigenen Umfeldes zu entsprechen. Indem wir ständig bemüht sind anderen zu gefallen, anderen gerecht zu werden, den selbst auferlegten Anforderungen zu entsprechen, geben wir uns selbst auf, noch bevor wir überhaupt um unser Selbst wissen. Sich anpassen und Anforderungen zu erfüllen scheint der leichtere Weg zu sein. Aber doch nur, weil wir keine Bestätigung auf dem anderen Weg, den des Loslassens, des nicht mehr verhaftet Seins erfahren konnten. Wie auch, wenn wir ihn noch nicht einmal gegangen sind. Der erste Schritt ist immer der Schwierigste, aber er birgt auch viel Neues in sich. Und haben wir uns erst einmal dazu entschlossen NEIN zum Ego zu sagen, so werden wir bald feststellen, dass wir auch gar keine Bestätigung mehr von außen brauchen. Denn diese wird uns dann von uns selbst, aus unserem Innern gegeben. Wir ruhen in der Mitte unseres Selbst und bedürfen keiner Schmeicheleien und dergleichen, die uns wohl stimmen oder in Glücksmomente erheben. Diese Glücksmomente können wir selber haben, alles was wir dazu tun müssen, ist einfach loslassen und plötzlich und unverhofft tritt es ein: das Wohlgefühl, das Glücksgefühl.

In all unseren Aktivitäten und all unserem Denken machen wir doch nichts Anderes, wie vor uns selbst davonlaufen. Und selbst, wenn wir erkennen, dass wir den Wünschen des Egos erlegen sind, selbst dann können wir immer noch nicht davonlassen, weil seine Verlockungen uns Glück und Wohlbefinden verheißen. Aber es sind trügerische Glücksmomente, ein trügerisches Glück und Wohlbefinden, das sich immer Abhängig von vermeintlichen Sicherheiten macht. Die Angst loszulassen, nicht mehr verhaftet zu sein, lässt uns nicht zur Ruhe kommen und so jagen wir einer Befriedigung nach der anderen hinterher, in der Annahme irgendwann das Glück oder gar inneren Frieden zu finden. Es wird sich aber nie einstellen, wenn all unser Tun und Denken, lediglich aus dem mächtigen Begehren des Egos her resultiert.

Wenn ich sage gleichsam tot, dann meint es, dass wir selbst unser Fühlen dem Ego unterordnen. So ist zum Beispiel oftmals die Trauer keine echte Trauer. Denn leider dient sie der eigenen Persönlichkeitsaufwertung. Wir wollen das nicht wahrhaben, weil wir immer noch annehmen, es seien unsere wahren Gefühle, aber dem ist nicht so. Wir unterliegen einer arglistigen Täuschung des Egos, das auf immer neuen Wegen versucht sich Geltung zu verschaffen. Und so lassen wir Trauer entstehen, wo eigentlich keine vorhanden ist, unser Denken suggeriert uns eine Empfindung die doch wenig mit dem wahren Selbst gemein hat. Solange wir aber in dieser Trauer eine Bestätigung erfahren solange halten wir sie für echt und unser Ego freut sich wieder einmal mehr - hat es doch seine Beachtung, nach der es so laut gerufen hat.

Desgleichen verhält es sich auch mit anderen Dingen. Immer wenn wir letztlich uns selbst in den Mittelpunkt des Geschehens stellen, ja immer dann kann davon ausgegangen werden, dass es nicht unser wahrhaftiges Selbst ist, sondern das ständig schreiende und nach Beachtung gierende Ego.

der Traveller
August 2000

* * *

Freude oder Spaß

Wer Spaß mit Freude gleichsetzt wird immer wieder traurig und enttäuscht sein. Denn während der Spaß auf ein kurzfristiges Erlebnis setzt, welches Ablenkung verschafft und wodurch man sich nur von sich selbst und seinem Problem entfernt, so kehrt beides verstärkt wieder. Je mehr Spaß wir suchen, um uns abzulenken und nicht mit uns selbst zu beschäftigen, je stärker wird die Leere in uns.

Der Spaßfaktor wird zu einer Sucht, die ständig gestillt werden will. Eine Ablenkung, ein Spaß-Erleben folgt dem nächsten. Und ohne das wir es merken, stecken wir in einer endlosen Jagd nach noch mehr "Spaß haben wollen", in der Hoffnung etwas zu finden, was wir aber nicht finden werden. Es ist nichts Neues, wenn wir mal darüber nachdenken, wie es uns geht, wenn der Spaß vorbei ist. Im Grunde hat sich nichts geändert, wir haben uns nicht geändert und von einem verbesserten Wohlbefinden kann keine Rede sein. Vielleicht sollten wir doch mal auf unsere innere Stimme hören, denn sie meldet sich unerlässlich. Dies kann sich unterschiedlich ausdrücken, in Form von Traurigkeit, das Gefühl der Einsamkeit, Depressionen und Krankheit. So entstehen auch Unfälle, die uns lediglich Zeichen geben. Denn wenn wir krank oder verletzt da nieder liegen und ruhen müssen, so wird uns Gelegenheit gegeben sich mit unserem inneren Kind auseinanderzusetzen. In den depressiven Phasen gilt es nach Innen zu schauen, nicht nach Außen. Nicht im Umfeld nach den Ursachen suchen. Hier laufen wir Gefahr wieder den anderen die Schuld zu geben, obwohl wir für all unser tun selbst verantwortlich sind. Wenn wir wirklich Verantwortung für uns selbst übernehmen, so heißt das auch, nicht die Bedürfnisse des Egos zu befriedigen, denn diese hören nie auf, sondern uns unserem wahren Selbst zuwenden und von flüchtigem Spaß absehen, der sich so rasch wie Rauch im Wind auflöst. Im Gegensatz dazu steht die wahre Freude, dies ist ein Empfinden, ein Zustand, den wir wahrhaft genießen, der tief in unserem Innern entsteht. Der Ausdruck von Freude nach Außen ist der Spiegel unserer erfreuten Seele. Wir erleben ein Gefühl von Harmonie und Glückseligkeit, die uns durchströmt und nach Außen strahlt, diese hat Bestand und entsteht aus den kleinen Dingen des Lebens: im Erkennen der Schönheiten der Natur und den wahren Freuden des Lebens. Indem wir auf unsere Grundbedürfnisse achten und ihnen gerecht werden, wird uns Freude am Leben zu Teil. Es sind die einfachen Dinge des Lebens, die einem wahre Freude bereiten:

- die Freude für jeden neuen Tag
- Freude über das Leben
- Freude über das So-Sein

- Freude über die Natur und sei es ein einzelner Grashalm am Fußweg
- Freude über spielende Kinder
- die Freude sich gut zu Ernähren
- einfach die Freude am Sein

Auf eine Kurzform gebracht
könnte man auch sagen:

Spaß dient der Befriedigung des Egos

Freude dient dem Gemüt

der Traveller

Januar 2000

* * *

Eine Gefahr auf dem Weg

Während wir auf dem so genannten Weg sind und schon einige Erkenntnisse gewonnen haben, vieles über die verschiedenen Religionen erfahren durften und schließlich selbst in uns den Geist Buddha oder Jesu verspüren, so gelangen wir unweigerlich an einem Punkt, wo wir einer sehr großen Verführung ausgesetzt sind. Wir meinen plötzlich einen Erleuchtungszustand erlangt zu haben, der es uns erlaubt loszuziehen und es der Welt zu verkünden. Es tritt der Irrglaube ein, wir seien vielleicht ein neuer Messias oder anderer Prophet. Viele selbst ernannte Gurus und andere Heilige zeugen von diesem Irrglauben. Sie konnten der Versuchung nicht widerstehen. Und doch, befragte man sie danach, so waren sie immer noch der festen Überzeugung es sei, wie es ist. Und genau hierbei droht die Gefahr. Wir können ab einem gewissen Punkt, ohne die notwendige Eigendisziplin und Beherrschung des Geistes, nicht mehr zwischen wahrer Erleuchtung und einem immer noch vorherrschenden Ego unterscheiden. Ohne die Befreiung vom ICH führt es entweder zu einem kleinem Reich von Auserwählten Jüngern, siehe die zahlreichen nach Außen abgeschirmten "Erleuchtungslager", die dem vermeintlich Erleuchteten ihre Opfergaben darbringen oder es führt zu einem völligen Zusammenbruch, da der Verstand außer Kontrolle gerät und sich das Ego in einer Wahnvorstellung, um sich selbst drehend, implodiert.

Der wirkliche Erleuchtungszustand scheint mir erst dann erreicht, wenn alle ICH-Bezogenheit völlig aufgelöst ist und "ES" nur noch durch uns heraus ist. "ES", das Selbst oder Gott, kosmische Energie, der Geist Buddha oder Jesu sind alles ein und dasselbe. Denn "ES" will nur eins:

> Das Erwachen, das Erkennen des Selbst, welches einfach IST.

> der Traveller
>
> Juni 2001

* * *

Genügsamkeit fördert Glücklich-Sein

Um wirklich glücklich zu sein, bedarf es auch der Genügsamkeit. Habgier und Besitzdenken wirken dem Glück immer entgegen, da die Habgier kein Ende kennt. Man mag soviel besitzen wie man will, es ist doch nie genug, immer findet sich etwas was man auch noch haben möchte. Der Besitz schafft oberflächlich gesehen vielleicht Glück, doch meist gesellt sich auch die Angst dazu. Angst um den Besitz, den ein anderer einem nehmen könnte, der verloren gehen könnte. Sorge um den Schutz des Besitzes tut ihr übriges. So findet sich zum Beispiel in einem wohlhabenden Haushalt, neben all den wertvollen Dingen, nicht selten im Bad auch eine Ansammlung von Beruhigungs-, Schlaf- und Herztabletten. Das sind nun wahrlich nicht die Aushängeschilder für wahres Glück.

Wer sich einmal von der Habgier und dem Besitzdenken befreit hat, der weiß wie gefesselt und geknebelt er vorher war. Das Leben wird schlagartig leichter und unbeschwerter. Manch einem mag ein Druck auf der Brust gelegen haben, der ihm nicht den notwendigen Atem gewährte. Und nun kann voll durchgeatmet werden. Denn was gibt es schon zu verlieren? Eigentlich nichts! Man könnte sagen, die Dinge wechseln ihre Besitzer.

Genügsamkeit schafft eine innere Zufriedenheit, einen inneren Frieden, der nicht mehr durch die ständigen Rangeleien und dem Streben nach Besitz gestört werden kann. Während 100 andere wetteifern, freut sich der Genügsame, denn er hat seine Ruhe und Zeit sich um andere, um wesentlichere Dinge zu kümmern. Genügsamkeit bedeutet auch mit dem zufrieden zu sein, was man hat und wer man ist. Zudem bewirkt Genügsamkeit auch eine positive Lebenseinstellung, oder unterstützt auf jeden Fall das positive Denken. Wer genügsam ist richtet seinen Blick mehr auf die positiven Dinge im Leben und weniger auf die negativen. Genügsam sein heißt auch, mit dem wesentlichen auszukommen: Essen, Trinken und ein Dach über dem Kopf.

Genügsamkeit hat mich gelehrt meine Aufmerksamkeit auf das eigentliche Leben zu lenken, sie beschert mir ein großes Maß an Zufriedenheit und Wohlbefinden. Sie fördert einen von uns allen angestrebten Zustand: dem des freudvollen Seins

der Traveller
Januar 2002
* * *

Unsere Sehnsüchte machen uns zu Opfern, zu willenlosen Dienern, Sklaven und gar zu Werkzeugen

Die unserem Ego entstammenden Sehnsüchte kennzeichnen die leeren Bereiche ins uns selbst. Die offene Darlegung Selbiger gibt anderen die Möglichkeit, darauf mittelbar einzuwirken. Im guten Sinne werden sie vielleicht erfüllt oder noch besser, sie werden uns genommen in dem Bewusstsein, dass sie uns unzufrieden und unglücklich machen.

Sich selbst und das Leben so annehmen wie es ist, bewahrt uns vor dem Leiden, welches durch Sehnsüchte entsteht. Demut kann ein wichtiger Schritt sein, denn sie lässt uns erkennen, dass wir nur Teil eines wesentlich Größeren sind. So wie eine einzelne Welle sich nicht emporheben kann und sagen - ich bin anders - denn sie fällt unweigerlich wieder ins Meer zurück, so wenig kann ein einzelner Mensch sagen, er sei etwas Anderes, etwas Besseres. In dieser Erkenntnis steckt eine weitere, nämlich das es dann völlig sinnlos ist, der Klügste, Schönste, Reichste oder Mächtigste sein zu wollen.

Wer die Sehnsüchte des anderen kennt und sich in negativer Weise zu nutze macht, der macht ihn zum Opfer seines Willens. So werden in erster Linie die Ängste nutzbar gemacht, um sie durch die Möglichkeit der Erfüllung dieser Sehnsucht nach Sicherheit zu beseitigen. Das heißt nur durch unser Sicherheitsdenken, welches ja aus den Existenzängsten seine Energien bezieht, ist es den Verkäufern möglich etwas zu verkaufen, was eigentlich nicht zu verkaufen ist und uns zudem keinerlei wirklichen Nutzen bringt.

Welchen praktischen Nutzen hat eine Lebensversicherung, wenn wir eines gewaltsamen Todes oder einen Unfalltod erleiden?

Welchen Vorteil verschafft uns manipulierte Schönheit, wenn es doch zahlreiche andere gibt, die doch noch schöner sind und sie allesamt eines Tages bei jedem vergeht?

Welchen Sinn hat Reichtum, wenn er uns doch nicht vor dem Tode bewahren kann oder einer schlimmen Krankheit?

Und was nützt die größte Macht auf Erden, wenn eine einzelne Fischgräte uns den Atem nehmen kann?

Die unerfüllten Sehnsüchte nach Sicherheit, nach Schönheit, Macht und Reichtum lassen uns zu Dienern, zu Sklaven derer werden, die sie angeblich verkaufen. Es wird gesagt:

- schließ eine Lebensversicherung ab und du brauchst dir keine Sorgen mehr zu machen. Wer bitte schön will sich anmaßen ein Leben zu versichern. Versicherung bedeutet doch einen Schaden zu regulieren, den Gegenstand durch einen ähnlichen oder gleichen zu ersetzen oder zu reparieren. Kann das Leben eines Menschen ersetzt oder repariert werden?
- kauf diese Lotion, trage dieses Make Up und diese Kleidung, korrigiere deine Nase, deinen Busen, deinen fetten Körper und verleugne deinen Körper indem du dir einen neuen schaffst – belüg dich selbst und die anderen, denn nachher bist du nicht mehr, der du vorher einmal warst. Sehnen wir uns wirklich danach?
- sei erfolgreich, bete unser goldenes Kalb der Neuzeit, die Aktienmärkte an, werde reich auf Kosten anderer, auf Kosten von Natur und Umwelt. Können wir das wirklich mit uns vereinbaren? Sind wir wirklich so herz- und lieblos?
- sei rücksichtslos und denke nur an dich selbst, nimm, was du kriegen kannst (da steckt schon das Kriegerische im Worte, denn dieses zivilisiert-gesellschaftliche Nehmen ist nichts anderes als ein Krieg gegen die Schwachen!)
- und ein gewaltiges Heer von willenlosen Sklaven marschiert los, um all diese Dinge zu erreichen und zu tun.

So werden aus Sehnsüchten genau die Instrumente geschaffen, die es den Manipulatoren ermöglichen die Welt in dem Zustand zu halten wie sie ist. Und doch fragen sich viele, warum diese Welt so ist wie sie ist, ohne sich bewusst zu sein, dass wir selbst sie so gestaltet haben, nur um unseren zügellosen Sehnsüchten Rechnung tragen zu wollen. Denn die Gier ist eines der Grundübel allen Leidens.

der Traveller
August 2002

* * *

Können wir uns wirklich verändern?

Gibt es Veränderungsmöglichkeiten? Ja, es gibt mehr als genug und für jeden ist etwas dabei, keine Frage!

Unser Einfluss uns selbst zu verändern:

Aus eigener Erfahrung kann ich sagen, dass wir sehr großen Einfluss darauf haben uns zu verändern, so wir es denn wirklich wollen. Veränderung kann nur dann erfolgreich sein, wenn sie aus eigenem Antrieb heraus geschieht, also wenn es der eigene Wille zum Wandel ist. Eine Veränderung herbeiführen zu wollen für jemand anderen, um zu gefallen beispielsweise hat keine große Chance auf Beständigkeit, es sei denn sie geht irgendwann in Fleisch und Blut über – will sagen, man lebt sie wirklich aus eigener Überzeugung.

Viele Verhaltensweisen sind weder angeboren, noch instinkthaft, sie sind schlicht weg konditioniert durch ständiges wiederholen. Wer auf eine bestimmte Aktion gelernt hat mit einer bestimmten Reaktion zu reagieren, der wird diese zukünftig ohne zu überlegen immer wieder anwenden. Erst das eigene in-Frage-stellen seiner Handlungen setzt den Samen zur Veränderung von Verhaltensweisen. Wer da behauptet, ich bin halt so, der ist nur zu träge etwas ändern zu wollen und sieht womöglich nicht die Notwendigkeit einer Veränderung.

Wir müssen uns ständig verändern, in einer Zeit der Informationsfluten und ständig neu oder besser wieder entdeckten Werte ist es sinnvoll, sich und sein Verhalten immer wieder zu hinterfragen. Nach dem Motto, das einzig Beständige ist der Wandel.

Wandel ist immer möglich, man muss es nur wirklich wollen und dann auch tun.

Was bringen wir selbst mit und was ist angeboren?

Angeboren sind wohl die grundlegenden Bedürfnisse nach Nahrung, Schlaf und Liebe –

Und das wichtigste in unserem "Gepäck" ist die Liebe, der Quell zur Menschwerdung in uns. Wir bringen also eigentlich alles mit, was wir brauchen. Es muss nur wachgerufen werden. Es wird sich vielleicht nicht unbedingt von selbst zeigen, denn es will eingeladen werden. Ich denke wir bereiten durch unser Denken und Tun den Teppich, auf dem die Menschwerdung Einzug halten kann. So wie wir nicht in einen Rohbau einziehen können, so kann sich auch die Liebe im Menschen nicht verwirklichen, wenn sich Körper, Geist und Seele in Disharmonie befinden.

Es gibt eine kleine Geschichte, in der die Götter sich überlegen, wo sie den Quell der Menschwerdung am besten verstecken sollten. Und schließlich gelangen sie zu dem Schluss, dass das beste Versteck der menschliche Körper selbst sei, da die Menschen dort am wenigsten danach suchen würden.

Was entsteht in uns erst mit der Zeit?

Der wohl wichtigste Faktor ist die Ausrichtung des Geistes und das Ansammeln von Wissen. Je nachdem wie wir unsere Gedanken ausrichten formen sie auch unser Verhalten. Und Wissen ist unentbehrlich, um sein Bewusstsein zu erweitern und Dinge aus verschiedenen Perspektiven betrachten zu können. Wie heißt es so schön im Talmud:

Achte auf deine Gedanken, denn sie werden Worte
Achte auf deine Worte, denn sie werden Taten
Achte auf deine Taten, denn sie werden dein Charakter
Achte auf deinen Charakter, denn er wird dein Schicksal

Gibt es Unveränderbares?

Dazu fällt mir auf Anhieb eine Erkenntnis des Dalai Lama ein:

"Innerer Friede ist eine Tatsache. Es hat keinen Sinn, das zu bestreiten und uns als Spielball ausschließlich aggressiver oder nach Herrschaft und Besitz strebender Kräfte darzustellen. Natürlich gibt es all diese gefährlichen Strebungen in uns, aber unter ihnen, in der Tiefe und weitaus dauerhafter, liegt der Friede. Wenn wir diesen Frieden als Tatsache erkennen und nutzen, können wir das Los der Menschheit wirklich verbessern. Aber zuerst müssen wir ihn erkennen, erreichen und bewahren."

Ich glaube, dass dieser innere Friede eine unveränderbare Tatsache ist, die lediglich verdrängt werden kann. Denn selbst der schlimmste Kriegsherr sehnt sich letzten Endes nach Frieden.

Was prägt uns nun für immer oder auf Dauer?

Das muss wohl jeder für sich selbst entscheiden. Jeder erfährt in seinem Leben Angenehmes und auch Unangenehmes. Doch entscheidet jeder selbst, wie sich diese Erfahrungen auf sein weiteres Leben auswirken. Das Hauptziel ist ja eigentlich glücklich und in Frieden leben zu wollen. Wer nun Opfer einer Gewalttat wurde der hat zwei Möglichkeiten. Entweder wird er auf Dauer oder Zeit Lebens dies nie vergessen und auf Rache sinnen, innerlich verbittert werden und Gleiches mit Gleichem vergelten. Das macht ihn aber nicht glücklich, er wird immer leiden. Rache und Hass sind die schlimmsten Feinde des inneren Friedens. Oder er besinnt sich und geht den Weg der Vergebung, den Weg der Liebe.

Wir wissen aus zahlreichen Berichten, dass es immer möglich ist zu verstehen, zu lernen und schließlich zu verzeihen. Die Beispiele vieler Holocaust-Überlebender, die ihren Peinigern verziehen haben, zeugen von der Möglichkeit den Hass und die Rache zu überwinden, um selbst in Frieden leben zu können. Ein indisches Sprichwort sagt:

Nur der Unwissende wird zornig, der Weise versteht.

Und so ist es auch. Früher zählte ich selbst zu denen, die auf Rache aus waren, Vergeltung zu üben schien mir als absolut selbstverständlich, bis ich gelernt habe, dass es etwas Höheres gibt. Dieses Höhere ist das Mitgefühl und die Erkenntnis, dass wir alle nur Menschen sind und nicht ausschließlich nach unseren Taten bewertet werden dürfen. Wer einmal ein Dieb ist, muss es nicht immer bleiben – ebenso gilt dies für einen Lügner und sogar Mörder. Viele Menschen aus den vergangenen Jahrhunderten haben sich radikal geändert, trotz ihrer erlebten Erfahrungen und dessen was ihnen angetan wurde. So wurde aus einem gewalttätigen König im alten Indien, einer der größten Förderer indischer Tempelbauten, ein König den das Volk nicht mehr fürchtete, sondern um den es sich sorgte. Aus einem üblen Bauernschlächter wurde ein Heiliger. Und so ziehen sich die beispielhaften Veränderungen durch die Jahrhunderte und Jahrzehnte. Haben wir nicht selbst diese Wandel miterlebt? Auch in uns selbst?

Auf Dauer prägen uns unser Glaube, unser Wissen, unsere geistige Ausrichtung und unser Tun. Und gerade angesichts dessen ist es umso wichtiger sein eigenes Denken und Tun gründlich zu prüfen, denke ich.

Im Grunde ist es so, dass wir durch unsere Entscheidungen uns selbst prägen und niemand anderes.

der Traveller
August 2002

* * *

Der Sinn des Lebens

Der Sinn des Lebens besteht, meiner Erkenntnis nach, in der harmonischen Entfaltung seiner Selbst, in der Entfaltung unseres wahren Selbst. Also die Entdeckung dessen, was und wer wir wirklich sind.
.

                        der Traveller

                            * * *

Die emotionale Falle ...

Die emotionelle Falle - damit meine ich, dass wir oft, ohne es eigentlich zu wollen, in diese Falle tappen. Beispielsweise erleben oder hören wir, wie ein Mensch sich verhält und da kann es passieren, dass wir emotional reagieren, vorzugsweise in einem Streitgespräch. Wir sehen nicht mehr was wirklich ist und lassen stattdessen unseren Emotionen freien Lauf. In der Hitze des Gefechtes werden dann Dinge gesagt oder getan, die wir hinterher dann nicht so meinten, es Schlichtweg bereuen. Die Ursache liegt darin, dass uns die Emotionen vereinnahmen und klares Sehen sowie auch Erfassen der Situation oder Gegebenheiten fast verhindern. Gerade in Bezug auf Menschen ist es dann so, dass wir den eigentlichen Menschen gar nicht mehr sehen, sondern nur noch das, was er tut oder von sich gibt. Genau dies aber muss nicht mit dem wahren Kern identisch sein. Es ist, als würden wir einen Wagen nur nach seinen Scheinwerfern, Rückspiegeln oder Lackierung beurteilen, wobei es doch letztlich auf den Motor ankommt. Jedoch sehen wir den Motor nicht unmittelbar. Erst bei genauerem Hinsehen, also, wenn wir die Haube öffnen, dann erkennen wir ihn. Und so ist es auch mit den Menschen, erst, wenn wir sie öffnen können und dazu bewegen sich zu zeigen, als der Mensch, der sie wirklich sind, dann sehen wir den wahren Kern. Alles andere ist nur Fassade und täuscht die Wahrnehmung dessen, was wirklich ist.

Indem wir mit dem Herzen und dem Geist sehen, erfassen wir das Wesentliche. Emotionen sind wichtig, aber nur dann, solange sie rein sind - also dem wahren Wesen entsprechen, was sie auslöst. In einem Zwiegespräch jedoch sollten sie in Zaum gehalten werden. Nur so können wir nicht nur uns, sondern auch die Herzen anderer öffnen und Zugang finden. Wer einmal diese Erfahrung gemacht hat, weiß wie befreiend und erleichternd es ist. Es gibt keinen Groll mehr und die Pforten sind geöffnet, damit die Liebe Einzug halten kann.

Noch etwas Wunderbares geschieht dann mit uns - wir erleben ein Gefühl der Einigkeit, der Zusammengehörigkeit und erkennen schließlich auch, dass alles mit-ein-ander verwoben ist.

der Traveller
August 2002

* * *

Über die Illusion etwas zu besitzen...

Um etwas zu verlieren, muss man es zuerst besessen haben. Da wir aber nichts wirklich besitzen können, können wir auch nichts verlieren. Aller Besitz ist eine Illusion, die sich mit dem Verlust auflöst. Wir können die Dinge lediglich benutzen, sie gebrauchen und weiterreichen. Im Grunde jedoch geht nichts wirklich verloren, denn jede materielle Erscheinung ändert nur ihre Form, ihr Aussehen. Das sehen wir am ehesten am Strand, wenn die Kinder mit dem Sand spielen, ihn formen und diverse Figuren daraus gestalten, die mit einer großen Welle wieder vergehen, ohne das sich der Sand dabei auflöst. Und so ist es mit allem anderen auch.

Der Baum, der gestern gefällt wurde steht heute als Tisch in einem Zimmer und wird morgen bei einem Brand zu Asche, die wieder den Boden nährt, aus dem einst der Baum erwachsen ist.

Immer dann, wenn etwas, was außerhalb unseres Körpers ist, als Besitz betrachtet wird haftet ihm schon der Verlust an. Die Geschichte und das Leben lehren, das alles vergänglich ist und Besitz eigentlich nur immer weitergegeben wird oder in feindseliger Weise erobert wurde/wird. Es gibt keine Macht, die einen vor dem Verlust äußerer Besitztümer schützen könnte. Selbst wenn ein

Mensch sich mit einer Armee umgibt, um seinen "Besitz" zu schützen, so genügt ein einziger Blitzschlag ihm alles zu nehmen. Ergo kann so etwas wie Besitz im Außen nie wirklich existieren, es ist und bleibt immer nur eine Illusion von "etwas besitzen"!

       der Traveller

         Januar 2003

* * *

Auflösung von Verlangen – Begehren

Das Verlangen ist eines der stärksten Geißeln für uns. Seine Energie ist immens und kann nie durch die Befriedigung, die Sättigung des Verlangens aufgelöst werden. Im Gegenteil, sie wird dadurch nur noch mehr genährt und fordert immer mehr unsere Aufmerksamkeit und unsere eigene Energie.

Es ist völlig egal ob wir nur Begehren, es haben oder es nicht mehr haben. In jedem Falle erzeugt es Unzufriedenheit. Solange wir etwas Begehren sind wir unzufrieden, weil wir es noch nicht haben. Haben wir das begehrte Objekt oder den ersehnten Umstand, so fürchten wir es wieder zu verlieren. Und haben wir es verloren, dann stellt sich erst recht die Unzufriedenheit ein.

Folgen wir den Energien, so erkennen wir auch, dass es zwei sich bedingende Faktoren sind. Zum einen das Verlangen und zum anderen der auslösende Faktor, das Objekt oder der Umstand. Wobei es zu unterscheiden gilt, zwischen dem natürlichen Bedürfnis und dem darüberhinausgehenden Verlangen. Ein natürliches Bedürfnis sind z.B. Essen und Trinken. Ich habe also ein Bedürfnis nach Nahrung. Dieses kann ich durch die einfache Zufuhr von Nahrungsmitteln stillen. Deshalb heißt die Ernährungsweise eines Säuglings auch "das Stillen" und nicht befriedigen. Möchte ich jedoch die Nahrung in ausgedehnter Weise und einem überzogenen Ambiente, sprich einem "feinen" Restaurant zu mir nehmen, so entspricht dies nicht mehr dem einfachen Stillen des Hungers. Das ist dann das Verlangen.

Die Bedingung zwischen Verlangen und auslösendem Faktor ist also die der Übermäßigkeit, das, was über ein normales Stillen hinausgeht, was ergo für ein einfaches Überleben nicht notwendig ist. Nicht das Objekt ruft das Verlangen hervor, sondern der Wunsch nach mehr als notwendig ist setzt den Samen, der dann durch das Objekt der Begierde aufgeht.

Da dieser Wunsch nach mehr im Geiste entsteht, kann es – das Verlangen – auch nur im Geiste aufgelöst werden. Sozusagen die Ursache bei der Wurzel packen und entfernen. Dies ist, denke ich, der einzige Weg sich vom Verlangen und Begehren zu befreien. Man kann es auch die Gier nennen, die sich in vielerlei Masken hüllt, aber letztlich immer wieder derselben Wurzel entspringt, so unterschiedlich ihre Blüten auch sein mögen.

Und das Ziel dabei kann nur die Zufriedenheit sein, denn ohne Ziel hätten wir ja auch keine Motivation.

der Traveller

Juni 2003

* * *

Warum wir nicht glücklich sind...

Glücklich Sein - ist wohl einer der meist gehegten Wünsche in uns. Was wollen wir? Wir wollen einfach nur glücklich sein und dies möglichst ohne große Anstrengung. So, als kämen wir hier auf dieser Erde zur Welt, sprich werden geboren, um dann einfach glücklich sein zu dürfen. Doch die widrigen Umstände des Lebens erlauben es uns oft nicht, oder halten uns von unserem vermeintlichen Glück fern. So erleben wir ein mitunter mühseliges Leben und fristen unser Dasein, ohne jemals wirklich glücklich zu sein. Und dabei wollen wir doch nur eben dies – glücklich sein.

Das Problem

Wir werden geboren, aufgezogen, ernährt und gekleidet und natürlich steht uns eine Behausung zur Verfügung. So wachsen wir auf in einer Welt, die vom materiellen Denken und Handeln bestimmt ist. Spiritualität, wenn sie denn während unserer Wachstumsphase überhaupt in Erscheinung trat, ist eher die Seltenheit. Also lernen wir von Klein auf, dass Glück in Abhängigkeit zu Dingen steht – eben materielles Denken und Handeln.

Selbst Liebe wird zur Ware, da unser materielles Denken kaum Raum für Gefühle zulässt. Alles spielt sich im Kopf ab und wenig bis gar nichts im Herzen. Auch wenn wir meinen zu lieben, wir tun es nicht wirklich, wir verhalten uns vielleicht so als ob, aber eben nur aus dem Kopf heraus. Und so wird selbst das Herz materiell, weil es uns "nur" noch als Muskel dient und nicht mehr als Wohnstatt der Liebe.

Die Illusion oder der Irrglaube vom Glück

Uns wird nahe gelegt eine gute Ausbildung zu machen, am besten ein Studium, einen gut dotierten Job zu ergattern, sich mit Komfort zu umgeben und somit die Basis unseres Glücks zu legen. Familie, Urlaub, ausgiebige Nutzung der Freizeitangebote, Erlebnisparks, Spaß- und Abenteuerwelten, durch Bausparen und Vorsorge-Versicherungen ein rundum sorgloses Leben zu führen scheinen die Eckpfeiler des Glücks zu sein. Gut wer sie hat, der kann sich wenigstens einbilden alles zu haben, um glücklich sein zu dürfen, auch wenn er es nicht ist. Und wer sie nicht hat, der muss weiterhin vom Glück träumen und zusehen, wie es andere angeblich schon haben. Ohne zu wissen, dass es auch denen nicht bessergeht, als ihnen selbst, nur mit weniger eben.

Die Selbstlüge vom Glück, also zu denken alles zu haben, um glücklich zu sein, kann nur solange aufrechterhalten werden, wie kein äußerer Umstand sie zerstört. Nehmen wir die letzte große Flutkatastrophe 2002. Hier zeigt sich sehr schnell wie die Illusion vom Glück zerplatzt und buchstäblich weggespült wird. Alles was bleibt ist das "nackte Leben". Und so geschieht es jedem, der das verliert wovon er denkt, er brauche es um glücklich zu sein. Egal ob es nun ein Haus, ein Auto oder auch die Familie, ein Partner sind. In dem Moment, wo sie nicht mehr da sind – tritt Unglück ein. Glück in Abhängigkeit zu etwas, zu jemandem birgt immer die Kehrseite bereits in sich – nämlich Unglück durch Abwesenheit dessen oder der Dinge, die einen angeblich glücklich machen. Selbst der reichste Mensch wird unglücklich, wenn er trotz all seines Vermögens es nicht verhindern kann, dass seine Kinder z.B. verunglücken.

Das Nicht-Erreichen von Glück

Wir können uns anstrengen so sehr wir wollen, es will uns einfach nicht gelingen wirklich glücklich zu sein. Die, die es angeblich geschafft haben werden von Stress, Angstneurosen, Krankheiten (zum Teil durch eine zügellose unbewusste Lebensführung und Ernährung ausgelöst), maßloses Begehren, Lieblosigkeit und manchem mehr heimgesucht. Langeweile, sinnlose Beschäftigungen, Suizid, Drogen- und Sexexzesse sind kennzeichnend für die, die es angeblich geschafft haben. Natürlich nicht bei allen, doch in überwiegendem Maße wohl schon. Frage mal einen Psychiater, woher seine Patienten überwiegend kommen! Und wir haben übrigens mittlerweile mehr Privatkliniken als öffentliche Krankenhäuser.

Tja und die, die es nicht geschafft haben werden ebenfalls heimgesucht, nur eben zu "günstigeren" Bedingungen. Geiz soll ja so geil sein. Im Ernst, es macht also weniger einen Unterschied, ob wir nun gut situiert sind oder gerade so zu recht kommen. In jedem Fall erlangen wir kein wirkliches, kein wahres Glück. Alles ist nur eine Illusion von Glück, die jederzeit platzen kann, durch Unfall, Krankheit, Arbeitslosigkeit, Todesfall, Naturkatastrophe, etc... Denn dann zeigt sich, was vom Glücksgefühl übrigblieb – Nichts!

Die Erkenntnis

Alles, was wir in einer materiellen Welt unternehmen, um glücklich zu sein, ist von vorn herein zum Scheitern verurteilt!

Die Fragen:

Wie kann ich nun wahres Glück erlangen und
Was ist Glück überhaupt

Der Wiederaufbau oder das Erreichen von Glück

Die zweite Frage lässt sich philosophisch so beantworten:

Zum richtigen Zeitpunkt, am richtigen Ort das Richtige tun.

oder

In dem Moment, wo Du nichts begehrst, keine Sache, kein Ding, keinen Menschen und Dich dennoch in einem maßlosen Wohlgefühl wieder findest bist Du glücklich – dann herrscht Glück-Seeligkeit in Dir!

Die erste Frage hingegen bedarf schon einer längeren Ausführung.

Um sich dem Glück zu nähern müssen wir uns uns selbst nähern, uns mit uns selbst vertraut machen. Also die wirklich grundlegenden Fragen stellen und auf der Suche nach Antwort gehen:

Was bin ich
Woher komme ich, wohin gehe ich
Was ist Leben, woher kommt es, wer hat es geschaffen
Was soll ich hier und wie soll ich dieses Leben leben

Diese Fragen geben in ihrer Beantwortung Aufschluss nicht nur über uns selbst, sondern auch über die gesamte Schöpfung. Ich meine, wir brauchen so eine Art Betriebsanleitung für unser irdisches Leben und ebenso einen Führerschein.

Leider sollen wir beides nicht ohne weiteres erhalten. Ob Du es nun glauben magst oder nicht, wir werden seit Tausenden von Jahren abgehalten, die Wahrheit über uns selbst erfahren zu dürfen. Dies geschah und geschieht heute extremer denn je durch Manipulation. Bitte schrecke nicht zurück oder schmunzle ablehnend in Dich hinein, denn die Wahrheit ist erschreckende Realität in unserem Leben, in Deinem Leben. Oder hast Du Dich noch nie gefragt, warum so viele Menschen, trotz des technischen Fortschritts, der med. Forschung, der wissenschaftlichen Erkenntnisse und Errungenschaften dennoch nicht wahrhaft glücklich sind, warum Du es nicht bist?

Angeblich muss niemand hungern bei uns, jeder hat ein zu Hause, beste med. Versorgung, Wellness-Center, Kunst, Kultur, Wunderwerke an Kommunikationstechniken und ebenso in der Unterhaltungsindustrie sollten doch ein Höchstmaß an Glück versprechen, oder etwa nicht?

Wir preisen Wissenschaftler in den Technik-Himmel, versehen sie mit Nobel-Preisen und sonstigen Auszeichnungen, suchen die Tempel des Kapitals auf und segnen den Mammon, huldigen den Hohepriestern in Gold und Seide und folgen schließlich den Polit-Wölfen in ihren Schafsfellen.

Und allesamt machen sie uns dennoch nicht glücklich. Da kann doch etwas nicht stimmen!

Was hier nicht stimmt ist die einfache Tatsache, dass wir in einem Dämmerzustand gehalten werden, der uns nicht erkennen lässt, was um uns herum wirklich passiert. Ich meine, obwohl wir wach sind, schlafen wir. Wir sehen all die Dinge und erleben vieles, aber nichts davon geschieht wirklich, weil wir uns selbst diese künstliche Welt geschaffen haben. Wir vegetieren in einer unnatürlichen Umgebung aus Metall, Beton und Kunststoffen. Sogar viele Menschen sind bereits nicht mehr "echt", Sie tragen Implantate, haben Silikon in den Brüsten, sind an Gesicht, Hals, Händen und Hintern gestrafft, gebügelt, abgesaugt und geglättet, tragen Haarersatz, riechen unnatürlich, bewegen sich unnatürlich, ernähren sich unnatürlich, leben und lieben unnatürlich, ja sie sterben sogar unnatürlich, denn früher saß noch die Familie um einen Sterbenden – heute hängen diverse Schläuche und Kanülen an unserem Körper und einiges an Elektrogeräten umgibt uns.

Ping---Ping---Ping---
Piiiiiiiiiiiiiiiiiiiiiiiiiiiiiiiiiiiiiiiiiiiiiiiiiiiiiiiiiep.

Im Laufe eines Lebens bekommt so mancher Körper mehr künstliche Lebensmittel und Zusatzstoffe zugeführt als natürliche Nahrung. Also was bitte schön ist an dieser Existenz noch natürlich und real? Im Grunde sind wir keine Menschen mehr, wie ähneln den Wölfen, Hunden, Eseln und Schweinen. Wir erlauben es einigen Wölfen uns zu führen, wir Esel glauben jeden Unsinn, der uns vorgesetzt wird und die große Schar der Schweine frisst alles, was man ihnen vorsetzt. Na ja, und die Hunde, die ihre eigene Art verrät und sich bereitwillig in den Dienst der Wölfe stellt.

Also um es klar zu sagen – wir leben nicht, wir werden gelebt. Und wenn dem nun so ist, dann ist auch klar, dass wir nicht glücklich werden können, weil wir es nicht werden sollen. Denn glückliche Menschen brauchen keine Wölfe und dienen ihnen auch nicht, sind keine Esel und benehmen sich nicht wie die Schweine.

Was uns nun die Möglichkeit bietet ein glücklicher Mensch zu werden ist der Weg des Wissens, der Erkenntnis und der Bewusstwerdung, vor allem aber die Akzeptanz einer so genannten Schöpferkraft. Denn Leben kommt von Leben und nicht aus der Materie. Die Ur-knall-theorie ist eine nicht zu beweisende Hypothese. Es käme der Explosion einer Druckerei gleich, die zur Folge hätte, dass es Bücher regnen würde. So lässt sich nicht unser Ursprung befriedigend erklären. Obwohl die Wissenschaftler viele Antworten haben, so können sie nach wie vor nicht davon Ablenken, dass sie eigentlich KEINE Antworten haben. Sie beschäftigen sich immer nur mit der Materie, können alles und jeden in seine Bestandteile zerlegen und genau

Beschreiben. Sie wissen wie sich eine Pflanze zusammensetzt, kennen die chem. Elemente und vermögen es dennoch nicht in ihren Laboren einen einzigen Grashalm zu erschaffen. Bei all ihrem angeblichen Wissen, müssten sie da nicht schon längst einen eigenen "kleinen" Ur-Knall erzeugen können und Leben schaffen? Sie sagen, wenn das Herz aufhört zu schlagen, dann ist der Mensch oder das Lebewesen tot. Warum können sie nicht einfach mit ihrem Wissen um die ganzen Substanzen einem toten Körper wieder Leben einhauchen? Ich meine, was unterscheidet einen toten Körper von einem lebenden in seiner Zusammensetzung? Nichts, absolut nichts – es sind immer noch dieselben Elemente, oder Stoffe aus denen sich ein Körper zusammensetzt. Sie wissen, es laufen chem. Prozesse in unserem Körper ab! Aha, und diese Prozesse können sie nicht selbst erzeugen? Sie können also einen toten Körper nicht wieder in Gang setzen, obwohl sie doch ganz genau wissen, wie er funktioniert! Das ist das Problem, sie sind so sehr auf die Materie fixiert und lassen das Nicht-Physische gänzlich außer Acht. Daher haben sie auch kein Gottesbewusstsein. Sonst wüssten sie wie Leben entsteht und bräuchten sich nicht mehr diesen analysierenden Untersuchungen hingeben.

Das einzige, was wir einer materiellen Welt, einer materiellen Denkweise entgegensetzen können ist das Nicht-Materielle – das Nicht-Physische. Ich rede hier von Energien, die sich unserer Wahrnehmung entziehen, weil wir so sehr in der Materie verhaftet sind, dass wir blind und taub geworden sind. Das traurige dabei ist, wir haben es auch selbst zugelassen. Wir hatten immer die Wahl zwischen Materie und Spiritualität. Da wir nun mal auf der Erde sind und dieser Planet ein Ort der Polaritäten ist, ist es auch logisch, dass es zu jedem Ding und zu jedem Ereignis ein Gegenstück geben muss. Selbst dann, wenn wir nichts von der anderen Seite wissen, so ist sie doch vorhanden. Ohne OBEN kein UNTEN – ohne LINKS kein RECHTS – ohne NÄSSE keine TROCKENHEIT – usw. – ergo steckt in allem bereits die andere Seite der Medaille. Und somit ist es auch klar, dass im Unglück bereits das Glück vorhanden ist, nur nicht sichtbar, weil wir noch nicht gelernt haben beides zu erkennen.

Solange wir quasi einseitig suchen können wir nicht fündig werden. Will ich die Quelle des Lichtes finden, so darf ich nicht im Schatten suchen. Oder wie Jesus es sagte: "Wenn Ihr Geist sucht, wühlt nicht in der Materie und wenn Ihr Materie sucht, wühlt nicht im Geiste."

Deshalb werden wir in der materiellen Welt auch nie fündig, nie wahrhaft glücklich sein, ohne die Kenntnis und Einbeziehung der spirituellen Welt(-en). Und haben wir diese Kenntnis, dieses Wissen erlangt, dann steht uns wahrlich nichts mehr im

Wege ein glückliches Leben zu führen — außer wir uns selbst!

                     der Traveller
                               November 2003

      * * *

Wir können uns nur in uns selbst finden

Das Problem:

Von Geburt an sind wir auf Liebe und Zuwendung angewiesen. Ohne die Liebe und fürsorgliche Zuwendung der Mutter würden wir kaum oder gar nicht überleben können. Und damit sind wir schon bei unserem Problem, nämlich das wir als Kleinkind schon sehr schnell lernen, wie wir diese Liebe und Zuwendung bekommen. Und zwar indem wir ausloten welcher unserer Handlungen und Worte uns das geben, was wir wollen und brauchen. Somit begeben wir uns in die Abhängigkeit und behindern unsere eigene freie Entwicklung.

Wir lernen, dass wenn wir dies oder jenes tun, wir dafür geliebt werden, angenommen werden. Und tun wir das und jenes, dann erfahren wir oft Liebesentzug bis hin zur Ablehnung. So gut wie jeder von uns kennt es.

Die Zuwendung:

- ach, das hast du aber fein gemacht
- ja, so ist's recht, so ist es schön, weiter so …
- na du bist aber kluger junge
- na du bist aber ein braves Mädchen
- usw. usw. usw.

Die Ablehnung:

- so macht man das aber nicht
- das mag ich aber gar nicht, wenn du das tust
- ab in dein Zimmer und Ruhe
- sei artig und tu, was man dir sagt
- usw. usw. usw.

Dies soll nur mal aufzeigen, welchen Verhaltensmustern wir da folgen, um geliebt zu werden, um angenommen zu werden. Und in diesem unserem eigenen Irrtum liegt schon die Wurzel des Ganzen.

Denn was tun wir eigentlich?

Wir tun alles Mögliche um geliebt und angenommen zu werden, jedoch haben wir dabei kaum eine Chance uns selbst wirklich zu erfahren, geschweige denn uns selbst zu entfalten, eben, weil wir ständig eine Rolle spielen, die in Wahrheit nicht unserem Selbst entspricht. Ergo findet hier auch schon das Missverständnis von Lob und Liebe seine ersten Wurzeln. Anerkennung und Lob setzen wir mit geliebt werden gleich. Und mit diesem Muster leben wir weiter und bauen es weiter aus, bis wir uns gar nicht anders mehr verhalten können. Das große Rollenspiel ist im vollen Gange. Wir bemerken es nicht einmal richtig, weil wir nicht nur die anderen belügen, sondern vor allem uns selbst belügen. Solange diese Selbstlüge aufrechterhalten werden kann und von den anderen getragen wird, ist scheinbar alles in Ordnung für uns. Unser Konstrukt von Selbstlüge und Scheinwelt, welches wir uns aufgebaut haben, ist unser Leben. Wobei hier kaum noch von Leben gesprochen werden kann, da wir ja mehr oder weniger gelebt werden, denn ein Leben in Abhängigkeit ist kein freies, kein lebendiges Leben. Wir sind zu Sklaven geworden, die sich jeder Lebenslüge unterwerfen, nur um geliebt zu werden.

Gerade in Liebes-Beziehungen zeigt sich dies sehr deutlich. Da wir selten gelernt haben uns auf uns selbst zu verlassen und mehr noch uns selbst vertrauen zu können, konnten wir auch kein wirkliches Selbst-Wert-Gefühl aufbauen. Alles was uns als wertvoll erscheint wurde uns von Außen gegeben. Das heißt, wir definieren uns nicht an uns selbst, sondern an dem jeweils anderen. Der andere ist quasi derjenige, der uns sagt, ob wir liebenswert sind oder nicht, ob wir freundlich sind oder nicht und so weiter. Und in Liebesbeziehungen wollen wir ja vom Partnern angenommen und geliebt werden. Es wäre natürlich ideal, würden wir um unserer Selbst willen geliebt und angenommen werden, in unserem So-Sein. Doch diese Erfahrung machen die wenigsten. Im Grunde ist es doch so, dass wir die Fehler, die der andere bei uns zu sehen scheint ausmerzen wollen, um zu gefallen, um weiterhin geliebt zu werden. Wir tun Dinge, die wir eigentlich nicht wirklich tun wollen, doch, wenn sie uns die begehrte Liebe bringen, dann soll uns das recht sein. Und so überlassen wir es anderen, uns zu sagen ob wir liebenswert sind oder nicht.

Was hat das noch mit einer freien Selbstentfaltung zu tun?

Wie soll dabei ein gesundes Selbstwertgefühl entstehen und gefestigt werden, wenn es ständig Gefahr läuft durch jeden, ich sag mal Dahergelaufenen, in seinen Grundfesten erschüttert zu werden?
Ganz gleich ob es der Freund, Mitschülerin, der Liebespartner, Arbeitskollege, Vorgesetzte, Passant und so weiter ist. Jeder, der verbal unser Selbstwertgefühl in Frage stellt, bringt es auch sogleich ins Wanken. Und wehren wir uns dagegen? Wenig, es trifft uns, es schmerzt uns und tut auch weh, doch anstatt sich wirklich zur Wehr zu setzen, nehmen wir diese Kritik, diesen Vorwurf oder was auch immer an und trachten danach diese anscheinend dunkle Seite zu korrigieren. Natürlich um wiederum erneut zu gefallen und angenommen zu werden, um wieder ein positives Selbstwertgefühl zu haben.
Nur stellt sich die Frage, wenn ich selbst nie so richtig die Möglichkeit hatte mein eigenes Selbstwertgefühl aufzubauen, wie kann ich dann ein

fremd gestaltetes Selbstwertgefühl meines Selbst überhaupt aufrechterhalten und schützen?

Antwort: Gar nicht!

Denn wenn es von vorn herein fremd bestimmt war, dann wird es immer einer Fremdbestimmung unterliegen. Solange, bis wir dieses ganze Lügengebäude zum Einsturz bringen und es selbständig aus uns selbst heraus neu aufbauen. Und dabei dürfen wir es nicht mehr zulassen, dass andere über unseren Selbstwert bestimmen, sondern nur wir allein bestimmen für uns selbst unseren Wert. Mit jedem Stein, den wir sorgsam erarbeitet haben, bauen wir an unserem Selbstwert-Gebäude, bis ein festes Gebäude entstanden ist, dass niemand mehr einreißen kann! Denn alles was wir uns selbst geben, kann auch nur von uns selbst genommen oder geändert werden. Da können draußen die heftigsten Stürme wehen (Auseinandersetzungen, Streitereien, Verleumdungen, Intrigen, etc.), wir können dennoch völlig ruhig und gelassen bleiben, solange wir auf unser uns selbst geschaffenes Selbstwertgefühl vertrauen.

Die wirkliche Herausforderung dabei ist, sich dadurch mit Sicherheit unbeliebt zu machen, bei anderen anzustoßen und angefeindet zu werden aber dennoch standhaft zu bleiben. Denn keine Lüge und schon gar keine Selbstlüge ist es wert, sich selbst dafür aufzugeben, sich zu verleugnen und wieder in die Opferhaltung zu sinken, damit die anderen wieder ihre "Spielchen" an uns praktizieren können.

Um zu erfahren, wer wir wirklich sind brauchen wir "einfach" nur das zu tun, was wir wirklich aus ganzem Herzen wollen. Denn dort wo wir mit dem Herzen dabei sind, da ist auch die Seele dabei. Sie schaut uns über die Schulter sozusagen und freut sich, dass ihr wieder eine weitere Tür geöffnet wurde, durch die sie in der irdischen Welt wirken kann, ihren Auftrag erfüllen kann, ihre selbst gewählte Aufgabe bewältigen kann.

Dazu gehört sicherlich auch das Ausprobieren. Ich kann eine bestimmte Handlungsweise, ein bestimmtes Denken einfach mal ausprobieren und mich dabei erleben, wie es mir dabei geht, was ich empfinde.

Für mich selbst sind es immer genau die angenehmsten Phasen, wo ich völlig in einer Sache aufgehen kann und mich irgendwie auch dabei getragen fühle. Getragen im Sinne von mitschwingen, mit-fließen im ewigen Strom des Lebens. So als wolle sich das Leben durch mich hindurch entfalten, aus dem simplen Umstand heraus, dass das Leben sich stets einen Weg nach vorn bahnt, sich wie eine Blume entfaltet und immer neue Kreationen hervorbringt. Immer mit der Tendenz des ständigen Fließens, des Kommens und Gehens. Es gibt kein Ausruhen mehr, sondern eher ein rhythmisches oder auch zyklisches Wirken, ein Sein in

Form von Aktiv und Passiv, Einatmen und Ausatmen, Schaffen und Entschaffen. Nur im Einklang mit der Natur und ihren Gesetzen ist es uns möglich in die ausgewogene Harmonie der Zyklen einzutreten und wieder dem Heil Sein ein Stück näher zu kommen. Verhalten wir uns wider die Naturgesetze, so ernten wir Disharmonie und Destruktion. Wir brauchen uns dazu nur den Zustand der Welt genauer betrachten und welche Auswirkungen die massiven Missachtungen gegenüber der Natur durch den Menschen hervorgerufen haben.

Wir als "kleine Menschen" haben uns den Naturgesetzen genauso unterzuordnen, wie jedes andere Lebewesen auch. Wenn der Baum sich nicht im Sturm neigt, dann bricht er. Unser innerer Widerstand (sich nicht neigen wollen) sind in diesem Fall die Selbstlügen, die uns ständig umgeben. Erst wenn wir mehr und mehr die Selbstlügen aufgeben, um uns selbst zu erkennen und es auch in unser Leben integrieren, dann lassen schlagartig die Stürme nach und wir können uns endlich aus uns selbst heraus Aufrichten.

der Traveller
September 2004

* * *

unnützes Tun aufgeben

Sich auf "den Weg" machen, wie so gesagt wird, heißt ja, dass wir unserem Leben eine ganz bestimmte Richtung geben und damit einhergehend ist die individuelle Persönlichkeitsentwicklung. Wir haben uns also dafür entschieden, uns auf eine Herz- und Geistesbildung einzulassen, die nicht nur unser Leben verändert, sondern in der Folge auch das anderer nachhaltig verändern kann, zum Wohle ALLER.

Nun ist unser Leben bisher von zahlreichen Aktivitäten geprägt worden. Vieles dient dem Vergnügen, der Freude und auch der Zerstreuung oder der Ablenkung. Bei all unserem Tun gilt es sich einfach zu fragen:

In Anbetracht meines gewählten Weges:

- Brauche ich das wirklich?
- Muss ich das jetzt unbedingt haben oder tun wollen?
- Ist es förderlich für mich oder eher hinderlich?

Um es deutlich zu sagen - Es gibt KEIN Wettrennen! Jeder hat seinen eigenen individuellen Weg und jeder entscheidet für sich selbst.

Je ernsthafter wir den Weg beschreiten, desto mehr filtern wir die Dinge, die Aktivitäten (wozu auch unser Denken zählt!) heraus, die uns nicht weiterbringen oder zumindest auf einer bestimmten Stufe festhalten wollen. Es liegt also in erster Linie an uns selbst, wie und in welchem Umfang wir uns von unnützem Tun befreien wollen.

Ohne eine Ausrichtung, ohne ein Ziel, von dem wir nicht mehr ablassen wollen, werden unsere Bemühungen scheitern, da es an der wahren Motivation fehlt. Die Motivation ist also das ausschlaggebende.

Warum soll ich etwas tun oder nicht tun?

Nun beantworte man sich selbst offen und ehrlich diese Frage(n) und stehe auch zu den eigenen Antworten, denn wir haben uns eben nun mal in der jetzigen Bewusstheit der Dinge dafür entschieden. Und diese Entscheidung ist gut so und sie ist auch so gewollt, da sie in Ihrer Auswirkung uns letztlich dahin bringen wird, wo wir hinwollen - bewusst oder unbewusst!

Je bewusster wir uns unserer Sehnsucht nach der Quelle allen Seins, nach der verlorenen Einheit sind, desto leichter wird es uns fallen, uns von unnützem Tun zu lösen. Denn dann fühlen wir uns innerlich behindert, so als ob wir uns selbst eine Barrikade aufbauen wollten. Und bei der bloßen Betrachtung dieser Barrikade spüren wir dann unweigerlich den Drang sie zu durchbrechen, um wieder einen Schritt weiter zu kommen. Das anschließende Wohlgefühl kann so zu einem freudigen Erlebnis führen, welches uns weiterhin unterstützen wird beim Loslassen von unnützem Tun.

der Traveller
November 2004

* * *

Leben mit der Ungewissheit

Das Sicherheitsdenken ist eine sehr weit verbreitete Krankheit. Krankheit, weil, sie nimmt uns einen Teil der Lebensfreude, sie beschneidet uns in unserem Wohlbefinden und hat auch sonst nur eine geringe Funktion:

- andere verdienen an der Angst
- andere machen sich diese Angst zu nutze, um so (nicht nur) Menschen besser manipulieren zu können
- ??? - jede weitere Funktion ist rein destruktiv

Das Sicherheitsdenken ist so tief in uns gepflanzt worden, dass die Wurzeln sich über Jahrzehnte ausbreiten und festigen konnten.

Unsicherheit - Ungewissheit ist den meisten ein Angst bereitender Faktor, dem sie am liebsten aus dem Weg gehen wollen, es nicht wahr haben wollen oder sich in der Illusion wägen, sie seien ja abgesichert oder versichert - was also kann da schon passieren.

Es kann sehr viel passieren:

- der, ach so sichere Job geht verloren
- die Ersparnisse werden geraubt
- der Tod fordert seinen Tribut

- ein Naturereignis bringt Zerstörung und Vernichtung mit sich
- eine Krankheit führt zur Behinderung oder gar Tod
- etc.

Im Grunde kann jeden Moment etwas passieren und wir können uns nicht dagegen absichern, mit keinem Wundermittel, mit keiner Police, weder durch Ignoranz noch durch Unwissenheit.

Da dem nun so ist, warum das ganze Theater um Sicherheit?

Wir bauen uns eine Scheinwelt auf, geben uns lieber einer Illusion hin, anstatt zu lernen mit der Ungewissheit zu leben. Doch wie sollte ein Mensch ohne Spiritualität je eine Alternative haben, außer sich der Illusion hinzugeben, er könne dies und das absichern?

Ohne Wissen über die andere Welt(en), die nicht-physischen Kräfte und kosmischen Gesetzmäßigkeiten ist der Mensch verloren im Dschungel von Lug und Trug, von Illusion und Selbsttäuschung. Imagination ist das Zauberwort, um uns von der anderen Welt fernzuhalten. Wir werden an allen Ecken und Enden daran gehindert, uns aus dem Bann der riesigen Täuschungsmaschinerie zu befreien.

Diese Befreiung ist jedoch notwendig, um zu lernen mit der Ungewissheit zu leben. Ohne das Vertrauen in die Schöpfung braucht der Versuch erst gar nicht gestartet werden. Zuerst muss der Glaube entwickelt werden, welcher zum Verstehen und Begreifen führt und schließlich in das Vertrauen mündet. Dann erst kann man mit der Ungewissheit leben, denn man weiß nun, dass wir das Leben niemals kontrollieren, es dafür aber wesentlich sorgenfreier leben können.

Es ruht auch auf der Erkenntnis, dass Leben immer nur Jetzt und Hier möglich ist. Egal wie sehr ich mich auch sorge, es ändert nichts daran, dass die Dinge sind wie sie sind und nur das "Was mache ich daraus?" die entscheidende Frage sein sollte.

Sicherlich können hier und da Vorkehrungen getroffen werden, doch auch sie stehen immer unter dem Zeichen des Wandelbaren. Nichts ist wirklich, solange es nicht geschehen ist. Selbst der geschlossene Vertrag, der mir den nächsten Job in zwei Wochen sichert, ist der Ungewissheit unterlegen. Zwei Wochen, das sind volle 14 Tage an denen sich jeweils etwas "Unvorhergesehnes" ereignen kann.

Und wenn wir uns in Momenten des Zweifels einfach mal fragen, wie es uns denn gerade jetzt geht, dann werden viele überrascht feststellen, dass es ihnen eigentlich richtig gut geht. Sie haben mehrmals am Tage gegessen, haben eine Schlafstatt und ein Obdach und sind relativ Gesund. Somit sind die natürlichen Grundbedürfnisse erfüllt.

Was wollen wir da mehr?

Ich muss sagen, dass es mir jedes Mal ausgesprochen gut geht dabei, festzustellen - wozu also sorgenvolle Gedanken? Der Morgen kommt so oder so, auch ohne mein zutun.

Aufgaben und sonstige Anforderungen können auch dann noch erledigt werden, wenn es soweit ist. Also, was sorge ich mich da eigentlich? Um eine Rente, von der ich heute nicht einmal weiß, ob ich sie je beziehen werde? Um die Begleichung von Rechnungen, die dann doch eh immer wieder auf wundersame Weise beglichen werden können? Um eine mögliche Krankheit, wo ich mich doch natürlich und Körper gerecht ernähre? Um materiellen Verlust, wo ich doch an nichts hänge?

Statt sich zu sorgen und der Ungewissheit etwas entgegen setzen wollen, ist es ratsamer sich dem zu widmen, was gerade ansteht. Wir können doch eh nur jetzt etwas tun, also tun wir am besten das, was uns jetzt wichtig und als richtig erscheint. Lassen wir einfach die Sorgen los.

Das Nagen an einem einzigen Bein kann schon den Einsturz herbeiführen. Je mehr wir uns sorgen und düstere Zukunftsszenarien ausmalen, desto eher rufen wir diese dann auch womöglich herbei.

Bleiben wir aber sorglos und sind bei dem, was wir gerade tun, so gehen wir im Hier & Jetzt auf. Und wir werden erfreut feststellen, dass es nie so schlimm kommt, wie man es sich gedacht hat. Mehr noch können Ereignisse eintreten, von denen man vorher nicht einmal gewusst hat oder besser, die man in der Dunkelheit des Grübelns nicht gesehen hat.

Das Leben ist immer für eine Überraschung, für eine wundersame Wandlung oder ein Wunder gut, denn es bahnt sich seinen eigenen Weg, stets unter der Schirmherrschaft von Harmonie und Liebe.

der Traveller

November 2004

* * *

Das Leben kann nicht aufgehalten werden

Auch wenn wir glauben Leben zerstören zu können, es zu vernichten, oder gar etwas oder jemandem das Leben zu nehmen, so ist dem nicht so.

Was ist Leben überhaupt?

Leben ist die stets sich selbst erneuernde Energie, die sich ständig in der Entfaltung befindet. Und Leben kommt von Leben, aus dem Leben selbst. Wenn wir bewusst oder unbewusst Leben zerstören, es vernichten oder jemandem nehmen, dann geschieht nichts weiter, als das wir die Form verändern, die sich dann jedoch wieder eine neue sucht.

Jede einzelne Zelle eines jeden Lebewesens, ob Mensch, Tier, Pflanze oder Mineral, die von dieser Lebensenergie angetrieben wird, bekommt von dieser Energie die Grundlage um überhaupt zu sein. Wird nun eine oder mehrere dieser Zellen verändert durch Druck, Aufspaltung, Feuer oder Kälte, so bleibt doch deren Essenz erhalten. Wir erleben dies am anschaulichsten in unserer Atmosphäre. Egal wie viel Rauch wir produzieren, welch Mengen unseren Lungen zugeführt wird, wie viel wir in veränderter Form für irgend welche Antriebsvorrichtungen (Luftdruck, Pressluft, etc.) nutzen, die Atmosphäre bleibt als solches stets erhalten. Es fragt sich auch niemand, was mit der

Pressluft passiert, wenn sie ihren Dienst erfüllt hat. Wozu auch, denn es passiert tatsächlich etwas mit ihr, sie passiert von der einen Form in die andere, im Sinne von "passieren" - vorübergehen. Sie wechselt also ihre Daseinsform, ohne dabei aufzuhören zu existieren.

So auch bei den Zellen, die zwar ihre Form ändern, jedoch nicht als Ganzes völlig aufgelöst werden können. Denn das hieße ja, sie würden in eine Art Nichts entschwinden. Da es aber dieses Nichts so nicht geben kann, müsste auch das Nichts wieder eine Form von Leben sein. Ergo geht auch hier wiederum nichts verloren.

Wird nun der Versuch unternommen Leben zu unterdrücken, es in andere Bahnen zu lenken, so sucht es sich selbst einen neuen Weg. Auch dies sehen wir beispielhaft in Städten, wo trotz großflächiger Bebauung das Leben immer wieder einen Weg findet. Wer hätte sie nicht schon einmal gesehen, die Mauerblümchen, die Gräser, die sich zwischen Hausfassade und Gehweg ihren Weg bahnen. Und wie schnell ist eine Ruine wieder vom Leben in Beschlag genommen durch Rankengewächse, Moose und anderem Gewächs.

Und weiterhin wird jede Manipulation am Leben selbst immer fatale Folgen nach sich ziehen, da das Leben seine eigenen Gesetze und Regeln hat, nach denen es sich ausbreitet und entwickelt. Hier eingreifen zu wollen, käme dem kläglichen Versuch gleich eine neue Erde zu schaffen, welche die jetzige übertreffen soll. Kann man eine sich über Jahrmillionen entwickelte intelligente Energie binnen einer irdischen Zeitspanne wirklich soweit verstehen und verbessern, dass es uns erlaubt anmaßender Weise eine höher entwickelte Form von Leben zu erzeugen? Wohl kaum! Und doch ist der Mensch immer noch bemüht, sich seine eigene Kreation von intelligentem Leben zu schaffen. Doch wie solle ihm das gelingen, wo er doch selbst Teil der kosmischen Energie ist.

Es wäre, als würde meine linke Hand davon überzeugt sein, sie könne sich dermaßen verbessern, dass sie ihre alte Form nicht mehr benötige und stattdessen eine neue kreiert. Die dann aber nicht mehr kompatibel zur rechten wäre und ebenso wenig zum restlichen Körper. Wozu also das Absolute durch das Relative ersetzen wollen? Nur um zu erkennen, dass das Absolute schon da ist, auch ohne unser zutun.

Das Leben lässt sich nicht aufhalten, weder durch Unterdrückung, Vernichtung und schon gar nicht durch eine von Menschenhand geschaffene Neukreation.

der Traveller
November 2004

* * *

Nichts mit sich anfangen können

Wer kennt sie nicht, die Phasen wo wir kaum etwas mit uns anfangen können. Tage die endlos scheinen und Abende, die nur darauf warten durch das Zubettgehen beendet zu werden.

Welch klaren Gedanken man auch fassen möchte, es gelingt nicht, da man sich sagt es bringe eh nichts oder bringt mir jetzt nichts. Obwohl kein bewusstes Bedürfnis vorherrscht, wollen wir dennoch auf irgendeine Weise befriedigt werden - befriedet werden, denn es herrscht ein kleiner Krieg in uns, dessen Wirren uns nicht zur Ruhe kommen lassen. Und so vergehen Tage und Nächte, ohne dass sie den ersehnten Frieden bringen.

Dann auf einmal, wie wundersam, ist es vorbei! Eine Botschaft hat uns erreicht, ein Hinweis, der genau das erklärt was geschehen ist oder noch geschieht. Klarheit, grenzenlose Klarheit wie ein Blick über das Meer bis zum Horizont mit dem beruhigenden Gefühl der Zufriedenheit. Endlich wissen wir was es war und wozu es uns dienlich war.

Wie eine Art "es werde Licht" wird uns der Weg erleuchtet, damit wir klar sehen auf welchen Schritten und wohin wir gehen.

Es braucht eben genau diese Phase des nichts mit sich anfangen können, damit die Botschaft wachsen kann, sie ist wie eine Frucht, deren Samen wir schon vor einiger Zeit gesetzt haben und der nun aufgeht. Diese Phase ist also noch notwendig bis wir so weit sind und sie nicht mehr benötigen, da wir die Schritte immer deutlicher erkennen.

Wir erhalten Antworten auf Fragen, die wir nicht bewusst gestellt haben und eben, weil es uns nicht bewusst ist, fallen wir in dieses scheinbare Loch, in die tiefe Höhle voller Dunkelheit, in dieses Nichts mit sich anfangen können.

der Traveller

Mai 2006

* * *

Das Ego gibt nie auf!

Das Ego ist von seiner "Grundprogrammierung" her so gestaltet, dass es nie und nimmer bewusst aufgeben würde. Eher zieht es in letzter Konsequenz die Selbstzerstörung vor.

Das ist auch der wahrscheinlichste Grund derjenigen, die sich das Leben nehmen. Sehr deutlich zeigt es sich dann, wenn nicht "nur" das Leben beendet werden soll, sondern dazu noch der Körper zerstört wird, bei einer Selbstverbrennung beispielsweise.

Auf diese Weise hat es, das Ego, seinen letzten großen Auftritt inszeniert! Wie in einem Theater:

Applaus - Vorhang runter – Abgang von der Bühne.

Man kann das Ego nicht bekämpfen, denn das gibt ihm nur noch mehr Macht, respektive Energie. Durch Nicht-Beachtung gelingt es, es in Zaum zu halten. Allein ein hoffnungsvoller Gedanke in einer schweren Zeit kann die Kraft in Gang setzen, die es uns durchstehen lässt. Der Glaube an das Ende der schweren Zeit ist es, der uns dabei hilft. So wie auf Regen Sonnenschein folgt, so folgen auf schwere Zeiten auch wieder leichte Zeiten. Das Problem ist halt nur, dass man es in der Tiefe des Erlebens nicht sieht, das Licht am Ende des Tunnels. Umso schlimmer für diejenigen, die dann denken, es gäbe kein Licht mehr in ihrem Leben. Doch das tut es - immer!

Das Ego weiß um alle Raffinessen uns von diesem Lichtblick abzuhalten, stets bemüht Aufmerksamkeit und damit Energie zu erhalten, setzt es alle ihm zur Verfügung stehenden Mittel ein um uns zu betäuben, um uns quasi blind zu machen - was wir dann als Hoffnungslosigkeit erleben, als einen Zustand von dem wir meinen ihn einfach nicht mehr länger ertragen zu können und wollen um jeden Preis den Ausbruch aus diesem leidvollen Erleben. Und in dieser schlimmsten Phase des Leidens bietet das Ego dann die Selbstzerstörung an, weil es genau weiß, dass dieser Mensch anders nicht mehr weitermachen will, keine Kraft mehr hat und aller Lebensmut verloren scheint. Es gaukelt dem Betreffenden dann sogar noch vor, es wäre eine Erlösung - der Freitod. Mit Illusionen von Schwebezuständen oder dem Wandeln im Garten Eden werden die Aussichten auf Erlösung vom Leiden, vom gefühlten Schmerz genährt, bis jeder Widerstand gebrochen ist und die tragische Handlung sich vollzieht - die Selbstzerstörung.

der Traveller

Juli 2006

* * *

Liebe oder Angst

Alles Denken und Handeln basiert auf zwei Grundlagen, entweder aus Liebe oder aus Angst (Mangel an Liebe)!

Dabei ist es völlig egal, was wir denken oder was wir tun, denn stets geschieht es aus Liebe oder aus Angst.

Geschieht es aus Liebe, so ist es unser wahres Selbst, oder die göttliche Seele in uns wie manche es nennen mögen, die alles erlebt und genießt wie es ist, ohne dabei etwas für sich haben zu wollen. Völlig wertfrei und ohne zu urteilen begegnet sie, die Seele, in Form von Liebe ihrer Um- und Mitwelt. Sie strebt nicht nach Anerkennung, Beachtung oder Wertschätzung, sie will einfach nur so sein, wie und was sie ist - Liebe.

Geschieht es aus Angst, was den wenigsten jedoch bewusst ist, so ist es das Ego, welches die Dinge zu benennen sucht, sie analysiert und in eine gewisse Struktur pressen will, um es zu kontrollieren. Die Angst ist der Beweggrund, weil das Ego ständig nach Beachtung giert, stets darauf bedacht ist Aufmerksamkeit zu bekommen, ergo stets etwas haben will. Es braucht die Bestätigung von außen, um sich behaupten zu können. Und allein die Tatsache, dass irgendjemand ihm, dem Ego, keine Beachtung schenken könnte, erzeugt Angst. Aufmerksamkeit ist die Nahrung des Egos, so gesehen muss es Angst verspüren, denn es würde quasi "verhungern" ohne Aufmerksamkeit.

Niemand, der im Extremfall zur körperlichen Gewalt greift, tut dies aus Lust und Laune heraus, sondern aus Angst, wenn sie auch tief verborgen sein mag, doch sie ist der Motor destruktiver Handlungen und Gedanken.

Wäre die Angst nicht vorhanden, so gäbe es nicht einen einzigen Grund gewalttätig zu sein, denn dann würden sich Freude und Liebe zeigen dürfen.

Ein Mensch, der in Freude und Liebe lebt empfindet keine Angst, weil er durch die Liebe alles erhält und alles ist, was sollte er also begehren, was sollte er noch haben wollen, wo er doch schon alles hat?

Die Angst ist der wirklich lähmende und uns in unserer persönlichen, sowie kollektiven Entwicklung behindernde Faktor, der nur durch gelebte Freude und Liebe überwunden werden kann.

Mag es auch einfach klingen, so ist doch die Umsetzung mit einer gewaltigen Kraftanstrengung verbunden, und zwar, weil die Angst des Egos die Aufbietung all seiner Möglichkeiten in Gang setzt, um uns daran zu hindern den Weg des Herzens zu gehen, den Weg der Liebe. Dann hätte das Ego nichts mehr zu melden und das erzeugt natürlich eine große Angst, wie jeder weiß, oder nun weiß, dass nicht er es ist, der Angst hat, sondern "nur" das Ego.

Liebe oder Angst

Liebe oder Ego

Angst = Ego

Liebe = Liebe

* * *

In Liebe

der Traveller

Juli 2006

* * *

Dankbarkeit, ein Schlüssel zur Bewusstheit und Lebensfreude

Vieles von dem was sich so im täglichen Leben und Erleben ereignet wird von uns in seiner Bedeutung nur allzu oft verkannt. Damit meine ich, dass es in unserem Leben wahrlich nicht darum geht, dem Ego Tribut zu zollen, also ein Leben zu leben, welches auf die Ich-Bezogenheit ausgerichtet ist. Vielmehr geht es darum zu erkennen, dass wir hier sind, um Erfahrungen zu sammeln und daraus zu lernen. Wir sind hier, um unser Bewusstsein zu erweitern für die Dinge die da sind und sie in ihrem Zusammenwirken zu erkennen, so, dass wir nicht länger Spielball einer angenommenen Willkür des Schicksals sind, sondern uns aktiv in jedes Geschehen einbringen können.

Wenn auch alles im Großen oder Kleinen seine Bedeutung hat und nichts ohne Ursache geschieht, so gibt es doch zahlreiche kleine Begebenheiten, die mehr oder weniger als eine Art Brücke zu wichtigeren Ereignissen dienen. Zum Beispiel, wenn Du an der Ampel stehst und einfach nur auf ein Grünzeichen wartest. Das ist nun wirklich nichts Bedeutendes, aber es spielt eine Rolle in Deinem Leben und zwar insofern, als dass es Dir einige Minuten abverlangt, die Dich erst einmal am weitergehen hindern. Und genau während dieser Minuten ereignen sich andere Dinge weiter entfernt von Dir. Nun stell Dir vor, was Dir sicherlich wohl auch schon mal passiert ist, Du begegnest dann, nachdem Du die Straße überquert hast, an der übernächsten Ecke einem Bekannten. Welch Zufall würdest Du vielleicht sagen, doch das ist alles arrangiert. Wärest Du diesem Bekannten auch begegnet, wenn die Ampel statt rot ein grünes Signal gezeigt hätte und du sogleich hättest weitergehen können? Wahrscheinlich nicht. Du siehst, es macht also Sinn, die Wartezeit an der Ampel.

Ja und so ist eigentlich jeder Tag angefüllt mit zahlreichen kleinen und großen Geschenken, von denen sich manche sogleich, andere erst später als Geschenk erweisen.

Dankbarkeit – sie ist der Schlüssel um wachsam zu sein für diese Geschenke, um eine Antenne zu entwickeln für alles was uns zur Freude gereicht, zur Bewusstwerdung dient, zur Bereicherung an Schätzen, die in unserer Herz-Bank aufgehoben werden und nicht im Tresor. Das ist wahrhaftiger Reichtum, den wir in unserem Herzen ansammeln, der, den wir endlos oft weitergeben und verschenken können, ohne dass es je weniger werden würde. Wer seinen Tresor füllt und die Herzkammer leer lässt wird stets in Armut leben, da er sich immer sorgt etwas von seinem Besitz zu verlieren oder wie man ihn vergrößern könnte. Genau wie es so schön heißt, nicht der ist reich, der viel hat, sondern der, der wenig braucht.

Dankbarkeit ist ein Schlüssel auf dem Weg zu einem Leben in Freude, an dem auch immer wieder gefeilt werden will, denn je feiner sein Schlüsselbart, desto mehr Türen öffnet er zu den wahren Schätzen in (und nicht auf!) dieser Welt.

So wünsche ich Dir denn, dass das Leben für Deinen Schlüssel der Dankbarkeit viele Schleifsteine und Feilen bereithält, auf das er Dir viele Türen der Herzens-Freude öffnen möge und Deine Bewusstheit für die Ereignisse sensibilisiert.

In Liebe

der Traveller

Februar 2007

* * *

vom Wunsch, glücklich sein zu wollen…

Auf die Frage, was willst du, wird oft geantwortet: Ich will einfach nur glücklich sein.

Glücklich sein, was bedeutet das? Ist es die Abwesenheit von Krankheit, ist es der Umstand sich nicht sorgen zu müssen oder ist es der Besitz von Gegenständen und Geld? Oft wird Glück dann empfunden, wenn unsere Haltung des Haben-Wollens sich erfüllt sieht.

Um wahrhaft glücklich zu sein müssen wir etwas lernen und üben, was dem entgegensteht - das Nicht-Haben-Wollen. Erst wenn wir ohne die Erfüllung von Begierden, Wünschen und Sehnsüchten glücklich sein können, erst dann können wir auch Glück wirklich erleben. Es resultiert aus dem einfachen Umstand heraus, dass wir ohne etwas haben zu wollen, glücklich sind.

Leider ist es für die meisten schwer vorstellbar eine Nicht-Haben-Wollen Haltung einzunehmen, denn von klein auf erfahren wir die anerzogene Abhängigkeit von Besitzen und Glück. Früh wird uns gelehrt, dass wenn wir eine Sache, die wir begehren erst einmal besitzen, wir auch glücklich sein können und dürfen. Ob wir nun ein neues Spielzeug, ein neues Kleid oder einen neuen Bekannten begehren ist gleich. Jedes Mal regiert die Illusion, dass erst die Erfüllung des Begehrens uns glücklich macht.

Wir verlieren dabei jedoch den Blick auf die einfachen Dinge des Lebens, auf unsere tägliche Nahrung, unsere Gesundheit und eine Schlafstatt. Stattdessen sind wir stets bemüht den Blick darüber hinaus zu richten. Indem wir über den Tellerrand schauen und das vermeintliche Paradies sehen, laufen wir Gefahr über den Rand zu fallen. Da es schwerer erscheint, den Weg zurück zum Teller zu finden und zu beschreiben, als sich der Jagd nach dem Glück zu widmen, werden wir auch stets unglücklich sein. Denn die Jagd wird nie ein Ende finden, da sich mit jeder "Beute" eine noch größere auftut, die wir auch haben wollen.

Wir werden nie mit dem zufrieden sein, was wir haben, sondern wollen immer mehr. Und das ist der wahre Grund, warum wir in einer materiellen Welt niemals wahres Glück finden werden. Eine spirituelle Bewusstheit des eigenen Seins und der Beziehung zum Leben, eröffnet Wege zum Glück, die wir vorher nicht sahen, weil wir keine Nicht-Haben-Wollen Haltung einnehmen woll(t)en.

Und eines Tages wird der Tag kommen, an dem wir nichts weiter wollen wie Erlösung. Und könnten wir diese käuflich erwerben, so hätten viele sicher schon einen Aktienhandel daraus gemacht, dessen Werte hoch im Kurs stünden. Allerdings reichen da nicht einmal die derzeit täglich global "verschobenen" 2000 Milliarden Dollar aus, um die Erlösung zu finanzieren. Es ist wesentlich günstiger – es bedarf nur zweier Worte und einer Grundhaltung:

- ICH WILL –

mein Wesen ist der Weg zur Menschwerdung,

zum Glück und zur Befreiung von allem Leid
– die Erlösung!

* * *

der Traveller

Juli 2002

* * *

Deine Einzigartigkeit...

Wenn du denkst, Dein Leben sei bedeutungslos, so mache dir einfach bewusst, wie einzigartig DU BIST!

Du magst vielleicht keine Persönlichkeit des öffentlichen Lebens sein oder kein umjubelter Star, auch kein angesehener Geschäftsmann, erfolgreiche Künstlerin oder sonstige "Rampenlicht-Figur" - doch das ist nicht wichtig - wichtig ist, dass DU du bist - und zwar so, wie DU BIST!

Kurz gesagt:

Wenn du in deiner Einzigartigkeit nicht wichtig wärest, hätte Gott dich dann erschaffen - wärest du dann hier? Allein schon die Tatsache, dass es DICH gibt bezeugt die Notwendigkeit Deiner Existenz!

Niemand anderes außer dir könnte den Platz so ausfüllen, wie DU ihn ausfüllst. Niemand hat Dein Lachen, Deine Stimme und Deine Gesten. Niemand spricht genau Deine Worte, die vielen zur richtigen Zeit zugetragen werden. Trotz zahlreicher himmlischer Boten und Helfer, braucht Gott DICH genau da, wo du bist, da wo du stehst, mit all Deinem Sosein. Denn er hat DICH auserwählt für bestimmte Menschen einfach nur da zu sein.

In der Verkettung unserer Schicksale, unserer Lebenswege bist DU ein wichtiges Bindeglied. Stell dir nur mal vor, niemand außer DIR würde jetzt diese Seite hier lesen - für wen sollte ich dann schreiben, wenn nicht für DICH?

oder

Du gehst zum Bäcker mit fröhlichem Gemüt, eine freundliche Begrüßung an die Verkäuferin und ein ebenso freundliches Dankeschön. Stell dir nur vor, diese Verkäuferin war heute morgen so voller Sorgen und hat sich dadurch ihrer Lebensfreude beraubt, die sie jetzt durch DEIN Erscheinen wiedergewonnen hat.

oder

Du läufst durch die Straßen und wirst angesprochen, ob DU mal eben helfen könntest, zum Beispiel bei der Adressfindung, weil DU Deine Gegend kennst.

oder

Du kommst genau zum richtigen Zeitpunkt im Park an einem Pärchen vorbei, dass im Begriff war sich heftigst zu streiten und "nur" durch Deine Anwesenheit sie sich aus Scham nicht getraut haben, was wiederum dazu geführt hat, dass sie nun doch vernünftig und sachlich miteinander reden.

Du siehst, allein bei solch alltäglichen Begebenheiten hinterlässt du Spuren - bewirkst du etwas, auch wenn es dir im Moment nicht bewusst ist, doch DU veränderst die Welt in jedem Augenblick.

Wer außer dir sollte genau die Wohnung bewohnen, die DU bewohnst? Weil es dort Mitmenschen gibt, die Deiner bedürfen oder die für DICH wichtig sind.

Schau mal auf die kleinen Begebenheiten und du wirst feststellen, dass du mehr bist wie einfach nur DU - denn DU bist einzigartig und wertvoll. Und wie viel Dinge beginnen mit einem kleinen Stein des Anstoßes? Manchmal bedarf es nur eines einzigen Wortes zur rechten Zeit, um einem anderen Menschen einen entscheidenden Richtungswechsel zu geben, der dann vielleicht ein bedeutender Staatsmann wird und der Welt den Frieden beschert. So kann es kommen, aber nur, weil es DICH gibt und du so bist wie du bist.

Du bist vollkommen so wie du bist.

Es gibt nichts an dir zu rütteln oder zu zweifeln.

Du bist genau da, wo du sein sollst mit all Deinem So-Sein.

Ich wünsche dir, dir selbst zu erlauben,

Dich als wichtig und einzigartig zu erkennen und zu lieben!

* * *

In Liebe und Gott zum Gruß

der Traveller

Oktober 2005

* * *

Hebe Deinen Blick... und öffne dich...

Täglich, wenn ich auf den Straßen unterwegs bin, dann sehe ich so viele Menschen mit gesenktem Blick, oder sie tragen Gesichter, als ob ihnen gerade eine unangenehme Mitteilung übergeben wurde. So frage ich mich dann immer wieder, warum das so ist, was wohl die Ursache sein mag?

Ich sehe so gerne in die Gesichter anderer Menschen und habe dennoch selten die Gelegenheit dazu, weil sie ihre Blicke gesenkt halten oder ganz einfach sich nicht öffnen, sich nicht auf Empfang einstellen für die kleinen lieben und wohltuenden Begegnungen.

Schon oft durfte ich auch anderen direkt in die Augen schauen und bekam jedes Mal eine Re-Aktion in Form eines Lächelns oder einer freundlichen Geste. Es ist mir auch schon passiert, dass mich Menschen gegrüßt haben, nur, weil ich sie etwas länger und intensiver anschaute, dabei aber so schaute, als wären sie mir vertraut. Und es sind doch alles meine Brüder und Schwestern, warum sie also nicht auch so anschauen!

In der heutigen Zeit ist die Partnerfindung von derart illusionierten Vorstellungen und gesellschaftlichen Vorgaben eh schon so belastet, dass Single-Börsen Hochkonjunktur verzeichnen. Und dann noch mit gesenktem Blick oder "mürrischem" Gesicht durch die Gegend zu laufen kann doch nur zur Einsamkeit führen.

Hebe Deinen Blick, schau in den Himmel, in die Wolken, schau in die Gesichter Deiner Mitmenschen und du wirst wundersames erleben. Ganz unverhofft ergibt sich dann auch schon mal ein Wortwechsel, während dessen wir dann eine Botschaft erhalten könnten, die uns irgendwie weiterbringt oder auf einen interessanten Gedanken. Vieles kann geschehen - doch, wenn wir nicht auf Empfang eingestellt sind wir wie ein Radio, das spazieren getragen wird, ohne eingeschaltet zu sein. Und so wie das Radio dann keine Musik für uns wiedergibt, so können auch keine Botschaften an andere übergeben werden, können kaum weiterführende Kontakte entstehen.

Mit offenem Blick durch die Straßen zu laufen ist so wie beim Atmen. Es ist wie ein tiefes einatmen, wobei man das Gefühl hat alles weitet sich - also weite Deine Ausstrahlung aus, mache dich doch einfach "breit" und strahle wie eine Sonnenblume... mehr ist kaum zu tun, alles Weitere geschieht dann "fast" von allein...

> Versuchs doch mal, und sei's drum, dass du einfach nur willst, dass es dir gut geht!

Ich wünsche dir viele freudige Begegnungen
mit wundersamen Folgen!

* * *

der Traveller

Ein Licht geht auf...

Ein und dieselbe Situation kann unterschiedlich wahrgenommen werden. Wir erleben eine Situation, eine Begegnung oder eine Begebenheit in dem jeweiligen Bewusstsein, das wir uns selbst schaffen. Unsere Gedanken und unsere Grundhaltung bestimmen, wie wir eine Situation oder Erlebnis erleben und was wir dann empfinden. Der große Fehler ist meiner Erfahrung nach, dass wir oft zu sehr an etwas emotional gebunden sind und zudem uns von gewissen Denkmustern schwerlich lösen können. Im Grunde erleben wir das Geschehen eher als Bildausschnitt, als in seiner Gesamtheit. Durch unser Denken und die Emotionen begrenzen wir nicht nur unsere eigene Sichtweise, sondern auch die Sichtweite. Wir nehmen immer nur den Ausschnitt wahr, den wir sehen wollen, immer nur das, was zu unserem Denken und fühlen passt.

Was passiert dabei?

Wir nehmen uns unsere Lebensfreude, wir trüben unser Wohlbefinden. Es ist, als würden wir als fester Würfel mitten unter Dreiecken sein und ständig versuchen, die Dreiecke als Würfel zu sehen. Zu den Dreiecken gesellen sich noch Kreise, Quader und andere Vielecke. Wir jedoch stehen immer noch als Würfel da und sehen die Mannigfaltigkeit einfach nicht, weil sie sich eben nicht mit uns Würfeln decken. Indem wir so handeln, als gäbe es nichts Wichtigeres als ein Würfel zu sein und dieser die Hauptfigur darstellt, grenzen wir uns selber aus. Oder anders gesagt, solange wir an unserem Ego festhalten und den alten Denkmustern anhaften, können wir nie wirklich frei werden. Ständig erfahren wir Ablehnung und erleiden in Folge dessen Schmerzen. Wir sind eingeschnappt, sauer und sogar argwöhnisch. Und warum das alles? Nur weil wir dem Ego mehr vertrauen, als uns selbst. Alles, was das Ego ablehnt, lehnen wir auch ab. Unsere Vorstellungen reichen nur bis zu einem gewissen Grad und was darüber hinausgeht wird schlichtweg abgelehnt. Wir bauen uns eine Mauer in unserem Kopf und können nicht mal rüberschauen, aus Angst, etwas zu entdecken, das die Mauer einreißen könnte. Wir sind so unfrei, dass wir nicht nur vor der Freiheit Angst haben, sondern auch davor unsere Un-Freiheit zu verlieren. Diese Un-Freiheit beeinflusst unsere Wahrnehmung der Dinge. Deshalb kann ein und dasselbe Erlebnis unterschiedlich erfahren werden, wenn wir nur mal unseren Blickwinkel ändern, wenn wir nur mal ein Paar Steine aus der Mauer nehmen und den Mut aufbringen, nein zum Ego zu sagen und uns ins Neuland wagen. Wer kennt sie denn nicht, die klärende Situation, wo wir feststellen und erkennen, dass, hätten wir uns nicht solch einen Kopf gemacht, wir das vergangene Erlebnis oder die vergangene Begegnung mit viel mehr Freude und Wohlbefinden hätten erleben können.

Ist uns nicht schon oft ein Licht aufgegangen, dass manch unserer Verhaltensweisen völlig unbegründet waren und wir uns nur unseres eigenen Wohlbefindens beraubt haben, wir uns selbst geschadet haben?

Sicher ist uns dieses Licht aufgegangen. Und? Haben wir daraus gelernt? Nicht immer, aber wir sollten es immer öfter tun, zumindest uns immer wieder bewusstmachen, dass es dieses Licht der Erkenntnis gibt und wir es jederzeit wieder zum leuchten bringen können. Denn eines ist gewiss, nicht die anderen sind schuld, sondern immer wir selbst, denn wir selbst bestimmen wie wir etwas erleben.

Die anderen sind immer nur Auslöser, Auslöser für das, was bereits vorhanden ist.
Und wo nichts Unangenehmes mehr vorhanden ist, kann auch nichts ausgelöst werden.

der Traveller
August 2002

* * *

Das Leben ist ein Geschenk

Mit der Befruchtung entsteht neues Leben, das im Mutterleib heranwächst und mit der Geburt als Geschenk betrachtet wird. Und jeden Morgen wird uns ein neuer weiterer Tag geschenkt. Während unseres Lebens erhalten wir unzählige weitere Geschenke. Freunde, Bekannte, Begegnungen und Gesundheit sind nur einige davon. Die Schönheit und Mannigfaltigkeit unserer natürlichen Umwelt sind weitere. Wir erhalten ständig kleine Geschenke, ein freundliches Wort zur rechten Zeit, ein Lächeln und vor allem das Lächeln eines Unbekannten, unsere Nahrung, die Tiere und Heilpflanzen. Denken wir an die unerwartete Hilfe von irgendwo her, an all die unser Leben und unsere Entwicklung begünstigenden Umstände, sowie Begebenheiten. Denken wir weiterhin an all die Geschenke der Menschen, die uns mit ihren Erkenntnissen, mit ihren Errungenschaften und den Erzeugnissen ihres Schaffens beglücken. Die wundervolle Musik von Bach, Händel, Mozart und vieler weiterer Komponisten. Die berühmten Maler und Schriftsteller, die Philosophen und Naturheilkundler. Mystiker und Esoteriker sind hier ebenso zu nennen, wie der philosophierende Bettler. Geistliche und spirituelle Menschen, die uns auf dem Weg zur Offenbarung, zur Erleuchtung führen. Aber denken wir vor allem auch an die zahllosen Menschen, die uns mit versteckten Botschaften etwas zu sagen haben, an all die kleinen Taten, die meist im Verborgenen bleiben und keine Nobelpreise ernten oder auf irgendwelchen Podien stehen und mit deren Fotos sich die Magazine und Zeitschriften nicht schmücken. All dies sind Geschenke, die wir im Kleinen wie im Großen erhalten. Ist es da nicht auch unsere Aufgabe selbst Geschenke zu verteilen?

Nicht das wir ständig diesen Gedanken im Kopf tragen sollten, aber wir sollten ihn einmal verstanden haben und dann auch umsetzen und wirklich leben. Leben in einer Art und Weise, das es uns zur Selbstverständlichkeit wird, selber zu geben, selber zu schenken. Es ist nicht die Rede von den materiellen Orgien zu Weihnachten oder Ostern, sondern von Geschenken, die von Herzen kommen. Geschenke die wir machen, ohne Dank zu erwarten oder gar zu fordern und erst Recht keine Gegenleistung.

Schenken um des Schenkens Willen. Schenken, weil uns die bereitete Freude auch unser Herz erfreut.

Schenken aus Dankbarkeit für das geschenkte Leben. Schenken, weil Geben seliger denn Nehmen ist.

Gewiss ist es sehr schön beschenkt zu werden. Die freudige Überraschung, dass uns jemand bedacht hat. Ein wunderschönes Gefühl der Glückseligkeit. Aber mehr noch ist das Gefühl beglückend, wenn wir aus reinem Herzen schenken. Es mag vielen so vorkommen, als sei dies ein Samariter-Syndrom, und nur wer selbst erfahren durfte, wie wohltuend es ist, andere zu beschenken, weiß um die Herrlichkeit des Gebens, um die Herrlichkeit des Lebens.

Das Leben ist ein ständiger Fluss, ein Fluss der universellen Energien, der Schwingungen und ebenso der fließenden Geschenke des Gebens. Dieser Fluss ist der Quell zum Paradies auf Erden, wo wahrhaft Milch und Honig fließen. Die Milch, welche uns nährt und der Honig, der uns das Leben versüßt.

Ist es nicht genau das, was wir alle wollen?

der Traveller

Juni 2001

* * *

Warte nicht bis etwas wirklich Unangenehmes passiert...

Mir ist sehr wohl vertraut, wie du dich fühlst, solange alles okay ist. Vielleicht hast du einen Job der dir sogar Spaß macht, bist relativ gesund und hast immer genügend Geld, um alle Rechnungen bezahlen zu können. Kurz um, du führst ein "normales" Leben und doch spürst du, dass es noch etwas Anderes geben muss, etwas was du noch nicht kennst, von dem du aber irgendwie insgeheim eine Ahnung hast.

Diese Ahnung, dieses andere etwas könnte dich dazu bewegen danach zu suchen, zu forschen, um zu erforschen. Wäre da nur nicht der Umstand, dass es dir doch relativ gut geht. Warum also sich mit etwas abgeben, was erstens deiner Aufmerksamkeit bedarf und deine "kostbare" Zeit in Anspruch nehmen könnte und von dem du zweitens noch nicht einmal weißt, was es denn nun genau ist. Wie gesagt, es könnte dir einfach zu gut gehen, als dass du jetzt einen wirklichen Sinn darin sehen könntest, dich auf den Weg zu machen.

Doch wie lange willst du warten? Es wird nie einen besseren Zeitpunkt als den jetzigen geben, denn nur JETZT kannst du wirklich etwas tun, nicht nächste Woche, nächsten Monat oder nächstes Jahr. Weißt du, ob du dann überhaupt noch hier bist? Nein, das kannst du nicht mit Bestimmtheit sagen. Doch handeln wir stets so, als stünden uns noch etliche Jahre-Jahrzehnte zur Verfügung. Illusion, alles nur eine Selbstlüge, die uns daran hindert etwas in die Tat umzusetzen, von dem wir wissen, dass es zwar besser für uns wäre, uns aber dennoch damit Zeit lassen. Irgendwann wird's schon aktuell werden.

Irgendwann kann schon morgen sein, wenn du einen Unfall erleidest, der dir genügend Zeit gibt, dich mit dir und deinem Leben auseinanderzusetzen. Oder ein Mensch aus deinem engeren Umfeld entschwindet. Auf jeden Fall kann sich etwas ereignen, was dir die Gelegenheit geben will, dich auf den Weg, auf deinen Weg zu machen. Dafür kann auch niemand verantwortlich gemacht werden, denn es ist nun mal die Natur des Lebens selbst, was sich den Weg sucht. Egal auf welch Widerstand das Leben stößt, sieht es sich in seiner Entfaltung behindert, so wird das Leben immer einen Weg finden dieses Hindernis zu beseitigen oder es zu umgehen und zu integrieren, bis es schließlich assimiliert werden kann. Das geschieht durch Transformation der ursprünglichen Energie, also dem sich widersetzenden in eine sich integrierende Energie. Was ja nichts Anderes bedeutet, als dass wir tun können was wir wollen, wir schließlich und endlich doch irgendwann auf den Weg gebracht werden. Entweder wir entscheiden uns selber dafür, oder wir werden dazu gebracht, auf die eine oder andere Weise.

So gesehen kann es doch nur ratsam sein, sich frühzeitig selbst dafür zu entscheiden, oder?

      der Traveller
         November 2004

* * *

„Verantwortlich ist man nicht nur für das, was man tut, sondern auch für das, was man nicht tut."

(Laotse)

Angesichts dessen, dass in wenigen Stunden ein unrechtmäßiger Angriffskrieg gegen den Irak losbricht, ist es in der Tat Zeit, sich selbst zu fragen:

Was tue ich eigentlich? - Und was tue ich nicht?

Ich meine, wir beschäftigen uns mit einer Vielzahl sinnloser Aktivitäten und jagen Dingen hinterher, die völlig unnütz sind, im Interesse einer globalen Harmonisierung. Ja mehr noch, sie erzeugen Disharmonien zwischen den Völkern.

Ist es nicht an der Zeit sich selbst zu prüfen. Sich selbst zu fragen, welchen Sinn das Leben haben könnte und wie man sein Leben wirklich sinnvoll gestalten könnte?

Sollte man sich nicht auch fragen, welchen Sinn die kleinen Quengeleien haben, die nur dazu dienen uns aus-ein-ander zubringen?

Viele der heutigen Generationen kennen "Gott sei Dank!" keinen selbst erlebten Krieg und dessen Nachwirkungen. Sie leben seit ihrer Geburt im

Überfluss und mittlerweile erkranken sie sogar daran.

Wir wissen oft dann erst Gesundheit zu schätzen, wenn sie abwesend ist, wenn wir krank sind.

Wir wissen oft dann erst Liebe zu schätzen, wenn wir sie nicht bekommen, sosehr wir uns auch danach sehnen oder darum betteln.

Wir wissen oft dann erst Essen + Trinken zu schätzen, wenn wir Nahrungsmangel leiden.
 Aber wissen nicht unser Leben zu schätzen, weil wir nie in ständiger Todesangst leben mussten.

So mache denn den Versuch und stell dir vor, es sei Krieg. Krieg in unserem Lande, in unseren Städten und Dörfern. Und nun frage man/Frau sich, was wäre jetzt das Wichtigste?

Überleben! Überleben um jeden Preis vielleicht sogar.

Und was sichert uns das Überleben?

Essen, Trinken, ein Schlafplatz und die Nächstenliebe, die Fürsorge meines Nachbarn-In.
 Kann es da noch Sinn machen, sich Dingen hinzugeben, die gänzlich nichts mit einer gesundheit-

und lebenserhaltenden Lebensführung zu tun haben?

Kann es Sinn machen, sich über "Kleinkram" aufzuregen?

So weit weg der Krieg auch sein mag, im Grunde ist er schon vor unserer Haustür, in unseren eigenen vier Wänden. Denn wenn der Vater mit dem Kinde uneins ist, wie soll dann Einigkeit im Hause sein. Wie soll Einigkeit auf der Straße und in der Stadt oder gar im Lande herrschen.

Der Krieg ist schon lange in unseren Herzen und nur die Hinwendung zur Liebe kann ihn wieder verbannen.

Das, was wir auf dem Bildschirm sehen ist der Krieg, den wir mit verursacht haben, indem wir den Krieg in unserem Herzen zugelassen haben. So wie viele Regentropfen einen reißenden Fluß erzeugen können, so können die vielen Gedanken einzelner Menschen ebenso einen Krieg erzeugen, auch ohne aktiv daran teilhaben zu müssen. Der Gedanke allein reicht schon aus - denn: am Anfang war der Gedanke...

Darum sollten wir auch stets unsere Gedanken beobachten.

Der Gedanke wird zum Wort und das Wort zur Handlung. Die Handlung ist dann die Ursache, deren Auswirkung wir eines Tages selbst zu spüren bekommen, auf die eine oder andere Weise.

* * *

In Liebe zu Gott, den Lichtwesen und allen Lebewesen,

- mögen alle Wesen glücklich sein –

Friede allen Welten - Friede allen Nationen - Friede allen Lebewesen

Licht, Schutz und Liebe auf Deinen Wegen!

der Traveller

19.03.2003

* * *

Kontakt zum Autor

www.der-traveller.de

buchkontakt@der-traveller.de

offizielle Internetseiten:

www.facebook.com/ThomasStern.GedankenundErkenntnisse

www.facebook.com/DerTravellerThomasStern

www.facebook.com/thomas.stern1

www.twitter.com/DerTraveller

www.tumblr.com/blog/thomas-stern-blog

bereits erschienen:

"Das Buch vom bewussten Leben"

Reise zum Potential des Selbst - Teil 1

BoD Verlag, Juni 2014, TB 200 Seiten,
ISBN 978-3735742476, Taschenbuch (12,7 x 20,3)
17,90 EUR zzgl. Versand - eBook 8,99 EUR

Vorankündigungen

Das Daily-Message Buch

366 Texte für jeden Tag des Jahres zu den Themen:

Liebe – Leben – Mensch-Sein - Bewusstsein – Philosophie und Spiritualität

Der Traveller

Die wundersame Geschichte eines Reisenden

Tatsachenbericht einer Reise, die als Urlaub begann und zu einem spirituellen Erlebnis wurde…